이
이
효
재

삶의 모범을 보여주신
이이효재 선생님께 드립니다.

대한민국 여성 운동의 살아 있는 역사

이이효재

박정희
지음

다산
초당

열아홉 살 사회학과 신입생으로 이화대학에 입학했을 때, 학과장 이이효재 선생님과 개별 면담을 하면서 나의 나머지 50년 인생이 출발했다. 이이효재 선생님은 항상 '현장'을 존중하여 체험의 기회를 제공하고, 우리들의 이야기를 경청하며, 작은 실천에도 감격하고 격려해주셨다. 가르치려 하기보다는 방향을 가리키며 스스로 선택하게 하셨다. 남들이 가지 않는 길을 기꺼이 갈 수 있게 밑돌을 놓아주신 스승이자, 우리와 함께 고통을 감수하며 함께 성장해온 든든한 동지였다.

해야 할 일에는 누구보다 용감했고, 필요한 곳에는 가진 것을 다 내놓는 삶을 실천해온 이이효재 선생님의 삶은 이제 꽃이 지고 막 날아가려는 민들레 홀씨가 아닐까. 그 홀씨가 자신이 속한 시공간에서 자신의 삶과 사회 그리고 역사의 주인으로 살아가려 길을 찾는 젊은이들에게 날아가 앉아 싹틔우길 기대한다. 글쓴이에게 감사드리며 동토를 뚫고 싹트는 '청춘 이이효재'들을 기다린다.

전 국가청소년위원회 위원장 최영희

이 책은 한국 역사의 격랑 속에서 한 여성 지식인이 성찰적이고 실천적 자세로 용감하게 대면해온 시간들을 애정과 존경의 마음으로 기록하고 있다. 선생님과 일단의 시간들을 공유하고 있는 내 세대의 여성들에게 이이효재 선생님과 윤정옥 선생님은 우리 시대의 설문대할망들이시다. 삶의 끝단에서 '사랑이야말로 인간 삶을 보람되고 가치 있게 만드는 것'이라는 말씀은 깊은 울림을 준다. 나이가 든다고 해서 모두 지혜로워지는 것도, 너그러워지는 것도 아니라는 사실을 알기에 선생님께서 보여주신 커다란 여성적 포용이 더욱 크게 느껴진다. 여성으로 사는 것이 힘에 겨우나, 여성이 아니었으면 알지 못했을 한 시대의 어둡고 깊은 속을 보여준 것에 대해 글쓴이에게 감사를 드린다.

이화여자대학교 총장 김혜숙

왜 우리 여성들은
이렇게 불공평한 삶을
살아야 하는 걸까?

"한 송이 꽃이 피어날 때 모든 곳에 봄이 온다."

어느 영성가의 말을 읽는 순간, 이이효재 선생님의 삶을 이보다 더 생생하게 묘사할 수는 없을 거라는 생각이 들었다. 이이효재 선생님은 이 땅의 여성들이 숨도 제대로 쉬지 못할 만큼 찬바람이 쌩쌩 불던 동토에서 태어나 가장 먼저 꽃을 피우고 봄의 소식을 알린 분이었다.

한 사람의 일생은 인류의 역사이고 그물처럼 엮인 수많은 사람들의 삶의 발자취이며 귀중한 기억 창고이다. 우리가 걸어가야 할 방향을 알려주는 나침반이며, 삶의 지혜를 담은 한 권의 책이기도 하다. 한 시대의 맨 앞에서서 살아온 이들의 경우에는 더욱 그러하다. 그런 의미에서 이이효재 선생님의 삶은 우리나라 여성들이 나아가야 할 길을 안내하는 이정표라 할 수 있다.

인류 역사는 수천 년 동안 끊임없이 변화해왔다. 그러나 어느 하나 자연스레 변화한 것은 없다. 모든 변화는 불편과 부당함을 느끼는 데에서부터 시작되었다. 불편함과 부당함을 깨닫는 순간 원인을 골똘히 생각하게 되고 해결 방법을 찾는 것이 인간의 본능이기 때문이다.

"왜 우리 여성들은 이렇게 불공평한 삶을 살아야 하는 걸까?"

이이효재 선생님은 '여성'이라는 이유로 고통당하는 여성들을 보며 어렸을 때부터 고민했다. 학자로서 평생을 공부하고 가르치면서도 이 질문에서 벗어나지 않았다. 여성들의 평등하고 자유로운 삶을 가로막는 원인을 찾아 연구하고 극복하는 것이 선생님이 붙잡고 싸워온 일생의 화두였다.

내가 이이효재 선생님을 처음 만난 때는 선생님이 서울 생활을 접고 경남 진해로 내려가신 뒤였다. 대학교에 다닐 때부터 이이효재 선생님을 존경해왔지만 실제로 만나 뵙고 인사를 드린 건 몇십 년 만이었다.

"내가 갖고 있는 어린이책이 있는데…… 내 친구가 자기 딸이 쓴 책이라고 보내주었어요. 함께 유학한 친구였는데 그 친구는 미국에 눌러앉아 살았지. 딸이 미국에서 어린이책 작가로 크게 성공했다더라구."

내가 어린이책을 쓴다는 말에 책꽂이를 뒤져 선물로 주신 책이 린다 수 박(Linda Sue Park)의 『내 이름이 교코였을 때』이다. 한국계 미국인인 작가는 그녀의 어머니가 일제 강점기에 창씨개명을 당했던 경험을 바탕으로 이 책을 썼다고 한다. 이이효재 선생님 역시 그녀의 어머니와 같은 시대에 나고 자란 세대다.

이이효재 선생님은 해방 직후 미국 유학을 떠났고 유학 중에 한국 전쟁이 발발했다. 휴전 이후에도 전쟁의 공포가 너무도 컸기에 공부를 마친 뒤 귀국을 꺼리는 이들이 대부분이었다고 한다. 그러나 선생님은 처음부터 미국에 눌러앉아 살 생각이라고는 손톱 끝만치도 없었다. 하루빨리 선진적인 교육을 받고 돌아와 내 나라 내 민족들의 삶에 조금이나마 도움이 되어야겠다는 다

짐을 잊은 적이 없었다. 2년여 동안 열렬히 구애하며 청혼했던 미국 청년의 열정도 매정하게 거절할 수 있었던 힘이었다.

이이효재 선생님은 전쟁으로 폐허가 된 조국에 돌아와 어느 학자도 관심을 기울이지 않던 가족과 여성을 대상으로 한 연구를 시작했다. 선생님이 가족 연구를 시작했을 때 가족은 자연스레 생기는 것인데 그것이 무슨 사회학이 되느냐고 남성 학자들은 비아냥거렸다. 하지만 선생님은 가족이야말로 사회 과학의 가장 기초적인 대상이라 믿었다. 가족이 민주화되어야만 여성들의 삶이 평등해지고 사회가 민주화될 것이라고 생각했다. 가족 연구를 시작으로 여성들의 역사와 여성 차별의 구조를 밝히는 데 온 힘을 쏟았다. 한국 최초로 여성학 교육 과정을 대학 내에 설치하고 여성학 이론을 현실 운동에 결합시켜 해방 이후 여성 운동의 큰 줄기였던 가족법 개정 운동, 호주제 폐지 운동, 정신대대책협의회 결성 등을 이끌어냈다. 그렇게 이이효재 선생님은 여성 운동의 이론가이자 실천가로 평생을 살았다.

성폭행, 성추행, 몰카 반대, 미투 운동, 낙태죄 폐지 등 젊은 여성들의 목소리가 커지고 있다. 희망적이고 바람직한 일이다. 다만 남성과 여성의 대립과 투쟁이 아닌 인권의 시각에서 정의되고 해결책을 모색해야 한다고 생각한다.

결혼과 출산을 거부하는 여성들도 늘고 있다. 오늘의 현실에서는 도저히 결혼을 하고 아이를 낳아 기를 엄두가 안 난다는 것이다. 1980년대에 여성들이 가족법 개정이나 호주제 폐지를 주장하면서 '우리 애 안 낳는 파업하자'는 주장을 펼친 적이 있었다. 자발적 출산 파업이었다. 그러나 지금은 결혼과 출산을 뒷받침해줄 사회적 시스템이 미비하기 때문에 어쩔 수 없이 포기하는 타의적 파업이다. 몹시 안타깝다.

이 시점에서 우리는 우리가 가지고 있는 가족과 여성, 남성에 관한 관념을 재고해볼 필요가 있다는 이이효재 선생님의 말씀에 귀를 기울여야 한다.

"가족이나 인간관계는 고정불변하는 것이 아니다. 남녀가 함께 사회, 정책, 관념, 생활을 온전히 바꿔야 결혼도 출산도 기꺼이 감당할 수 있는 사회가 만들어진다."

1970년대부터 이이효재 선생님은 여대생들에게 "독신으로 살 자신이 있고 독립성까지 갖추었을 때 진정으로 평등한 혼인이 가능하다"라고 말씀하셨다. 지금은 너무도 당연한 말이지만, 그때 여대생들은 그 말의 뜻을 알아듣지 못했다. "여자가 혼인하지 않고 아이를 낳았다고 해서 그 아이가 사생아가 된다는 것은 말이 되느냐?"라고 소리 높여 이야기했을 때 학생들은 깜짝 놀라며 귀를 의심했다. 그만큼 선생님은 시대를 앞서 나가며 변화를 이끄는 분이었다.

이이효재 선생님은 이제 여성이라는 화두를 인간으로 바꾸어 생명에 대한 존경과 사랑, 평화, 자유, 정의, 인권의 가치에서 남녀가 조화롭게 살아가는 사회를 꿈꾸어야 한다고 말씀하신다.

"모성뿐만 아니라 부성에도 사랑의 능력은 있어. 이걸 깨치면 전쟁보다는 평화를 부르짖을 수밖에 없지. 생태를 살리자고 할 수밖에 없어. 그래서 나는 희망이 있다고 봐."

이이효재 선생님의 공부와 투쟁은 아직 끝나지 않았다. 1924년에 태어나 100년 가까운 인생을 살아내면서 비록 몸은 노화하였지만, 마음은 오히려 사랑으로 그득해졌다. 억압받는 여성을 넘어 인간 모두를 사랑으로 품어내려는 노력이 그 증거다.

봄을 불러오는 맨 처음 핀 꽃 같은 인생을 살아오신 이이효재 선생님의 이야기가 많은 이들, 특히 젊은 여성들에게 많이 알려졌으면 좋겠다. 우리에게 이런 할머니도 있었음을 기억하고 선생님이 살아온 삶을 지침 삼아 자신이 서 있는 지점을 제대로 둘러보고 길을 개척했으면 한다. 부디 이 책이 모든 이의 마음에 봄을 불러오는 한 송이 꽃이 되길 바란다.

목차 🪷

1. 지금부터 제 이름은 이이효재입니다

1997년 3월 9일, 이이효재는 3.8 세계여성의 날 기념 제13회 한국여성대회에서 지금껏 세상 어디에도 없던 아주 특별한 선언문을 낭독했다. 부모 성 함께 쓰기를 제안하는 선언이었다.

우리는 태아 성 감별에 의한 여아 낙태로 인간 생태계가 파괴되고 있는 현실을 통탄하면서 남아 선호의 고정 관념을 깨뜨리기 위해 《부모 성(姓) 함께 쓰기 선언》을 채택하게 되었다.

신생아의 여남 성비가 여아 100명당 남아 115명(1994년)

이 될 정도로 우리 사회의 남아 선호는 고질병이 되어버렸다. 일 년에 3만여 명의 여자 태아가 부모에 의해 살해당하는 반인륜적, 반인권적 상황이 부끄럽게도 바로 이 한국 땅에서 벌어지고 있다. 이는 우리 사회가 얼마나 남성 중심의 불평등 사회인가를 극명하게 드러내는 것이다.

우리의 가정은 변명의 여지가 없는 가부장적 구조를 가지고 있다. 아들, 손자, 딸 순으로 승계되는 호주제, 부계 혈통만을 중시한 동성동본 제도, 여성이 남성의 집안에 시집가도록 되어 있는 부가(夫家) 입적 제도[1], 아들이 제사를 모시는 관습, 자녀는 원칙적으로 아버지 성을 따르도록 되어 있는 제도는 '아들을 낳아야 대를 이을 수 있다'라는 강고한 가부장적 의식 구조를 형성하게 된 것이다.

이러한 가족 제도의 불평등은 사회에서의 남녀불평등의 기반이 되고 있다. 여성을 남편의 피부양자로밖에 취급하지

◦◦

1　결혼을 하면 아내가 남편의 가족에 편입되는 제도. 친정의 호적에서 남편의 호적에 편입되면서 본적도 남편의 것으로 바뀌게 되며, 이혼할 경우 다시 친정의 호적으로 옮겨진다. 부가 입적 제도에서 여성은 혼인 전에는 아버지가 호주인 호적에, 결혼하면 남편이 호주인 호적에, 남편이 사망하면 아들이 호주인 호적에 올라야 하는 예속적인 존재로 규정되어 있었다.

않는 사회 보장 제도, 여성을 임시직, 보조직 등 주변부 노동력으로 이용하는 노동 시장의 구조, 명백한 사회적 재생산이라 할 수 있는 임신, 육아의 부담을 개별 여성, 개별 가정의 부담으로 돌리는 사회 제도 등이 모두 남성 중심의 가족관, 가족 제도에 기반을 두고 형성된 것이다.

우리 사회는 급속히 변화하고 있다. 다가오는 21세기는 여성의 시대라고 한다. 사회 변화에 맞추어 남성 중심의 가족 제도와 성차별적인 사회 제도, 관습, 태도 등이 변해야 한다. 가장 먼저 수백 년 동안 지속되어온 남성 중심의 가족 제도가 변해야만 여아 태아를 살해하는 행위가 사라질 수 있을 것이다.

부모 성(姓)함께 쓰기 선언자 일동
대표 선언자 이이효재 외 170명

이이효재. 그날부터 쓰기 시작한 이름이었다. 부모 양쪽이 모두 이씨인지라 어머니의 성 대신 외할머니의 성을 써야 하나 잠시 망설이기도 했으나 원래의 취지에 따라 그냥 쓰기로 했다. 누구나 처음 만나면 가장 먼저

부모 성 함께 쓰기 선언문을 읽고 있는 이이효재의 모습
이 신문에 소개되었다.

통성명을 한다. 나이 든 사람들은 성씨가 같으면 무척
반가워하며 본(本)이 어디냐고 묻기도 한다. 본이 같을
경우 마치 일가친척이라도 되는 듯한 친밀감을 느낀다.
하지만 모계를 철저히 무시하고 부계만으로 이어온 성
에 대해 특별한 친밀감을 느끼는 게 타당한 일일까? 아
버지 혈통만으로 따지자면 나의 4대조는 고조부 한 명

에 그친다. 하지만 어머니 혈통까지 인정하게 되면 부모 두 명, 조부모는 외조부모 포함 네 명, 증조부모 여덟명, 따라서 4대조인 고조부모는 열여섯 명이다. 이렇게모계까지 인정하면 대한민국 국민은 아마 모두 동성동본이 되지 않을까. 그러니 부계 성씨만을 따져서 동성이니 동본이니 하는 것은 명백히 허구적이다. 굳이 조상을 따지자면 인류가 다 조상이 아니겠는가. 2005년까지 민법에 부가 입적 제도, 부가 성본 우선주의[2], 남성중심 호주 승계 제도[3]가 엄연히 존재했으며, 그 법 조항을 없애기 위해 한국 여성들이 50년 동안 싸워왔다는사실을 아는 사람들이 몇이나 될까. 다만 요즘에는 누

••

2   자녀 출생 시 아버지의 성을 따르는 제도. 호주제 폐지 전 민법 제781조 1항은
    '자는 부의 성(姓)과 본(本)을 따르고 부가에 입적한다'고 규정하고 있었다. 호
    주제가 폐지된 뒤에는 '자는 부의 성과 본을 따른다. 다만, 부모가 혼인 신고
    시 모의 성과 본을 따르기로 협의한 경우에는 모의 성과 본을 따른다'는 내용
    으로 개정됐다. 부성을 원칙으로 하되, 예외적으로 부모의 협의에 따라 자녀
    의 성과 본을 결정할 수 있도록 한 것이다.

3   한 집안의 주인으로서 가족을 거느리며 부양하는 일에 대한 권리와 의무가
    있는 사람을 말하는 호주 승계는 할아버지, 아버지, 아들, 손자 순으로 계승되
    었다. 2005. 3. 31. 민법 개정에 따라 2008년에 폐지되었다.

대한민국
여성 운동의
살아 있는 역사

군가를 처음 만났을 때 같은 성씨를 쓰는 것에 그다지 의미를 두지 않는다는 점이 지난 50년 동안 여성계의 싸움이 가져온 문화적 변화를 보여줄 뿐이다.

아버지의 성을 따르는 것이 뭐가 문제냐고 묻는다면 왜 어머니의 성을 따르면 안 되는지 묻고 싶다. 어머니의 난자와 아버지의 정자가 결합하여 자녀가 잉태된다는 것은 누구나 아는 과학적 상식이다. 그럼에도 불구하고 아직도 많은 문화권에서 아버지의 씨가 어머니의 밭에 뿌려져 자녀가 잉태된다는 문화적 미신을 신봉해 오고 있다. 이 미신이 바로 이이효재의 표현대로 아들 종교이고 가부장제이다. 가부장제는 불변하는 자연적인 개념이나 제도가 아니다. 변화 가능한 문화적인 개념이다. 이이효재는 이 미신을 깨기 위해 평생 동안 노력했다.

부모 성 함께 쓰기 운동을 시작하게 된 직접적인 계기는 이화대학 사회학과를 다니다가 진로를 바꿔 한의사가 된 고은광순으로부터 시작되었다. 그녀는 민주화 운동으로 두 번의 옥고를 치르며 학교에서 제적된 뒤 학교를 바꿔 한의대에 진학한 특이한 경력을 가지고 있었다.

고은광순이 한의사로 일하면서 가장 난감했던 순간은 아들 낳는 약을 지어달라는 여성들을 마주할 때였다. 이이효재가 몸담고 있던 사회학과 제자였던 그녀는 가부장제의 여성 차별에 대해 이미 이론적, 혹은 사회 구조적인 인식을 갖고 있었다. 하지만 가문을 잇기 위해 아들을 낳아야 한다는 아들종교가 그토록 심각한 상황이라는 것은 한의사가 된 뒤에야 알게 되었다. 아들 낳는 약을 찾는 여성이 생각보다 많다는 사실을 알게 된 뒤, 그녀는 전국의 200명 한의사들을 상대로 설문 조사를 진행했다.

조사 결과, 200명의 한의사들 중에 아들 낳는 약에 대한 확신을 가지고 있다는 이는 단 한 명에 불과했다. 다른 한의사들은 모두 환자의 마음을 안정시키는 약을 처방하고 있다고 답했다. 성 감별 결과에 따라 낙태를 스무 번이나 한 사람을 보았다는 답변도 있었다.

21세기를 코앞에 두고 있는 시점에서 남아 선호라는 고질병으로 1년에 3만여 명의 여자 태아가 살해당하는 일이 우리나라에서 아무렇지도 않게 벌어지고 있었다.

우리 사회가 얼마나 남성 중심의 불평등 사회인가를 극명하게 드러내주는 사례였다. 그리고 그 배경에는 호주제가 결정적 원인으로 자리 잡고 있었다. 할아버지, 아버지, 아들, 손자 순서로 부계로만 승계하는 호주를 중심으로 가족 구성원의 출생, 사망, 혼인 등을 등록하는 법이었다. 여성학자와 여성 운동가들은 가문을 이을 아들을 낳아야만 며느리로서 의무를 다한 것으로 인정받는 관습을 없애야 여아 낙태라는 범죄를 멈출 수 있다고 결론지었다.

1997년 2월, 한국여성단체연합은 호주제에 대한 문제 제기 차원에서 성비 불균형에 대한 토론회를 열었다. 호주제를 바로 공략하기보다는 남아 선호로 인한 성비 불균형으로 접근하는 것이 현실적이라는 판단에 서였다.

그날 이이효재는 남아 선호의 고정 관념을 깨뜨리기 위해 부모 성 함께 쓰기를 제안하는 글에 큰 관심을 갖게 되었다. 사람들에게 부계 혈통만을 따져서 아버지의 성씨만 쓰게 강요하는 것을 다시 생각해보게 하는 문화 운동으로 좋은 본보기가 되리라 생각되었다.

"부모 성 함께 쓰기 운동은 참 좋은 생각인 듯하다. 이번 3.8 여성대회에서 공론화시켜 보자. 우선 이 운동에 동참할 사람 100명을 모아보자."

이이효재의 제안으로 부모 성 함께 쓰기 운동에 동참할 인사들이 모이기 시작했다. 조한혜정, 고은광순, 김신명숙 등 100명을 넘어 170명이 모였다. 이 운동이 시작되자 보수 언론과 온라인상에서 노골적인 조롱과 빈정거림이 도를 넘을 정도로 쏟아졌다. 변소, 방구, 임신, 피박, 추남씨 등이 등장할 거라느니, 세대로 내려갈수록 한없이 긴 성씨가 등장할 것이라는 둥, 잘난 년들이 잘난 체한다는 욕설까지 등장했다.

그럼에도 불구하고 아버지의 성만을 쓰고 있었음을 다시 생각해보자는 이 운동은 여론의 관심을 끄는 데 성공했고, 자연스럽게 호주제에 대한 관심도 높아졌다. 1999년 5월, 한국여성단체연합에서는 전국 50여 개 시민단체들과 연대하여 호주제 폐지 운동 본부를 발족시켜 호주제 불만 및 피해 사례 신고 전화 운영, 각종 거리 캠페인, 서명 운동을 전개했다.

남편이 죽고 나니, 여섯 살 아들이 자신과 시어머니

의 호주가 되었다, 이혼을 하고 십 년 넘도록 딸을 기르며 살았는데 주민등록상에 딸은 자신의 동거인이고 얼굴도 모르는 전남편의 어린 아들이 딸의 호주가 되어 있더라는 등의 안타까운 사연이 줄을 이었다.

여성은 결혼을 하면 혼인 신고와 더불어 '호적을 파서' 남편의 집에 입적을 해야 했고 이혼하면 다시 '호적을 파와야' 했다. 이혼율이 높아지는 현실과는 전혀 맞지 않는 제도였다. 전남편의 아이를 데리고 재혼한 뒤 아이를 출산한 경우, 전남편과의 사이에서 출생한 아이의 성을 새아버지의 성으로 바꾸고 싶어도 불가능했다. 그렇게 한 집에 사는 형제자매의 성이 달라서 학교에서 아이들이 상처를 입는 가슴 아픈 경우도 있었다.

가족은 인간이 생명을 잉태하여 출생시키는 일차 공동체로서 아이가 관계를 맺는 첫 사회 집단이다. 차별과 억압을 당연시하는 가족 관계 속에서 태어나 자란 아이는 인권을 무시하는 비인간적인 사회관계를 당연히게 받아들일 수밖에 없다. 반대로 개인의 자율성을 인정하며 함께 사는 공동체적 연대를 이룩할 수 있는 가족의 민주화는 사회 민주화의 시작이며 토대가 될 것이다. 남녀가 자유롭고 평등한 관계 속에서 민주적인 가족을 이루고 민주적인 사회를 함께 이끌어가는 꿈은 이이효재가 평생 동안 붙잡고 살아온 희망이었다.

그녀는 그런 세상을 만들기 위해 연구하고, 가르치고, 글을 쓰고, 때로는 거리로 나와 외치며 살아왔다. 때로는 한숨과 탄식 속에서 무거운 발걸음을 옮겨야 했다. 하지만 변화의 희망을 잃은 적은 없었다. 길게 보면 역사는 항상 발전한다는, 즉 자유, 평등, 박애를 확산시키는 방향으로 나아간다는 확고한 믿음이 있었기 때문이었다. 그 믿음과 희망은 그녀를 배신하지 않았다. 그녀가 걷기 시작했던 외로운 길에는 어느덧 하나둘 수많은 동지가 생겨났다. 그들과 함께 때로는 울고 때로는 웃으며 서로의 어깨를 다독이며 고된 발걸음을 이어가다 보니, 마침내 2005년 호주제 폐지라는 감격적인 환희의 순간을 맞이할 수 있었다.

2. 진취적인 여성들의 삶을 보고 배우다

누구에게나 일생 동안 잊히지 않는 어린 시절의 기억들이 있다. 기억 속에는 사람들, 사건, 풍경, 냄새 등이 함께 자리한다. 그중에서도 가장 강렬한 기억이 냄새라고 한다. 이이효재에게 가장 강렬하게 남아 있는 어린 시절 냄새의 기억은 특이하게도 캠퍼 오일의 향이다. 캠퍼 오일은 효재 자매들이 감기에 걸려 기침을 할 때마다 어머니가 목과 가슴에 발라주던 일종의 약이었다. 호주 선교사들로부터 배워 익힌 새로운 생활방식이었다. 그 독특한 향은 그를 매혹시켰던 몇 가지 사건과 함께 어린 시절의 기억을 형성하고 있다.

이이효재의 기억 속 장면들 가운데 가장 오랜 것은

유치원에 다니던 여섯 살 무렵에 처음 보았던 비행기이다. 어느 날 아침, 어머니가 효재와 언니에게 당신이 손수 만드신 양복을 입혔다. 아주 특별한 날에만 입는 옷이었다. 어머니의 손을 잡은 자매들이 향한 곳은 진주 남강의 모래사장이었다. 까마득히 드넓은 모래사장에 사람들이 구름처럼 모여 있었다. 그날은 진주에 비행기라는 물체가 처음 등장한 날이었다.

1920년대 말에 유치원이라니. 1970년대까지도 대다수의 우리나라 어린이들은 유치원 구경을 못해 보았다. 그만큼 그는 동시대 대부분의 여성들이 꿈도 꾸지 못할 만큼 특별한 환경에서 자라났다. 그렇게 자라난 사람들은 대부분 가진 이들, 누리는 이들 편으로 갔다. 하지만 그녀가 선택한 자리는 평생 사회적으로 억눌린 여성들 곁 낮은 자리였다.

이이효재의 아버지 이약신은 1929년에 평양신학교를 졸업하고 2년 동안 진주 옥봉교회에서 목사로 일했다. 1924년생인 이이효재가 여섯 살 무렵 진주에 처음 등장한 작은 경비행기는 오늘날의 비행기에 비하면 장난감 수준이었다. 하지만 그날 몰려든 군중들은 대부분

하늘을 나는 기계가 있다는 사실을 그때 처음 알았다. 당연히 어린 효재에게도 비행기는 처음 듣는 낯선 말이었다. 굉음과 함께 날아와 모래사장에 내려앉던 이 서양 물건은 소녀에게 두려움이자 새로움이고 놀라움이었으며 감탄이었다.

이이효재의 어머니 이옥경은 일곱 남매의 맏이였다. 그녀는 일찍 세상을 떠난 어머니를 대신해 결혼 뒤에도 서울에서 공부하는 친정 동생들 뒷바라지를 하느라 자주 서울을 왕래했다. 서울에 머무는 동안 어머니는 양재 기술을 배워 딸들에게 입힐 서양식 의복을 손수 만들어주곤 했다. 어머니 자신은 평생 서양 의복을 전혀 입지 않았지만, 딸들에게는 특별한 날에 꼭 서양식 옷을 입혔다.

또 하나, 어머니가 서울에서 배워와 자녀 교육으로 실천한 것이 표준어 사용이었다. 표준어를 익히고 스스로 사용하면서 어린 효재 자매에게 경상도 사투리와 욕을 쓰지 못하게 했다. 언젠가 딸들이 넓은 세상으로 나아갈 때 표준어를 쓰는 게 여러모로 도움이 되리라는 판단에서였다. 경상도에서 태어나 성인이 될 때까지 그곳에서 산 이이효재의 어투에 경상도 억양이 강하게 남지 않은 이유다.

1899년생 이이효재의 어머니 이옥경은 일찍 개화하여 사업에 성공한 아버지 덕분에 서양식 교육을 받을 수 있었다. 그녀는 보통학교를 졸업하고 때마침 호주 선교사들이 세운 의신여학교 중등과에 입학하는 행운을 얻었다. 이이효재의 외할아버지는 딸 둘을 이 학교에 보내면서 기독교를 받아들였다. 이런 가족의 파격적인 전통은 이이효재에게도 이어져 그가 새로운 사고방식들을 수용하는 데 거부감이 없도록 했다.

1917년, 열여덟의 이옥경은 평안도 출신답게 키가 훤칠하게 크고 기골이 장대한 열아홉의 총각 교사 이약신과 결혼식을 올렸다. 마산 지역의 첫 교회였던 문창교회에서 호주 선교사의 오르간 연주에 맞춰 진행된 마산의 첫 서양식 결혼 예식이었다. 우리나라 최초의 장로교 목사인 한석진이 이 결혼식의 주례를 맡았다.

이약신은 친구 따라 강남 온 경위로 마산에서 살게 되었다. 평북 정주의 고향 마을에 있던 오산학교에 재학 중이던 이약신은 진해 근처 웅천에서 오산학교에 유

1917년, 결혼식을 올리는 아버지 이약신과 어머니 이옥
경의 모습.

학 온 주기철을 만나 의형제를 맺었다. 이약신은 졸업
후 주기철이 귀향하는 길에 동행하여 웅천에서 교사로
취직했다.

　이이효재의 외할아버지 이상소는 상업으로 크게 성
공한 사업가답게 사람에게도 투자할 줄 알았다. 인물 됨
됨이와 가능성만을 보고 고아인 이약신을 첫 사위로 선

택한 다음, 그를 사업가로 키우려 일본에 유학을 보냈다. 둘째 사위는 가난한 빈농 가정 출신의 기독교인 청년을 선택하여 세브란스 의학전문학교에 진학시켰다.

이약신은 일본 유학 2년 만에 장인 이상소가 마산 지역 3.1 독립운동을 주도한 혐의로 서대문 형무소에 수감되는 바람에 유학을 중단하고 귀국하였다. 이후 전공인 상과가 자신의 적성에 맞지 않다 판단하고 진로에 대해 심각하게 고민했다. 결국 그는 친구 주기철처럼 목사가 되기로 결심을 굳혔다. 효재가 태어날 무렵이었다.

1931년, 효재가 선교사들이 세운 배돈 유치원을 졸업하던 해에 아버지는 진주를 떠나 부산의 초량교회 목사로 부임하였다. 효재는 호주 선교사들이 설립한 부산진 일신여학교에서 초등학교 시절을 보냈다. 진주에서의 철없이 행복했던 유아 시절에서 벗어나 서서히 식민지의 딸이라는 우울한 정체성을 획득해나가는 시기이기도 했다.

"하나님, 죄 많은 우리 민족을 불쌍히 여기시고 하루 속히 예수의 복음을 받아들여 죄 사함을 받음으로써 구원을 받고 나라의 독립을 이루기를 원하나이다."

매일 새벽 가족 예배에서 듣는 부모님의 간절한 기도였다.

이 무렵 어린 효재의 여성으로서의 정체성에 가장 강력한 영향을 미친 이가 아버지의 유일한 혈육인 고모 이애시였다. 이약신의 부모는 조상들의 제사를 아무리 열심히 지내도 앞서 태어난 아들 셋이 일찍 죽는 것을 보고 기독교로 개종했다고 한다. 개종 후 딸에게는 '사랑하며 베풀라'는 뜻의 애시(愛施), 아들에게는 '하나님의 언약을 믿는다'는 뜻의 약신(約信)이라는 이름을 지어주었다. 자녀들의 이름에 그들은 굳건한 신앙심을 담았다.

다행히 부모의 간절한 바람대로 병약했던 삼대독자 이약신은 건강하게 자라났다. 새로운 가치를 받아들인 그들은 딸 이애시가 열세 살이 되자 당나귀에 태워 평양의 정의여학교로 유학을 보냈다. 서울의 이화학당처럼 미국 북감리교 여성 선교사들이 세운 정의여학교에서 이애시는 로제타 홀(Rosetta Sherwood Hall, 1865~1951), 매티 노블(Mattie Wilcox Noble, 1872~1956) 등 미국에서 온 여성 선교사들의 삶을 가까이서 접할 수 있었다.

이이효재가 평생 존경하고 따랐던 고모 이애시(가운데).

그 당시 우리나라를 찾아왔던 여성 선교사들은 19세기 미국에서 활발하게 진행되던 여성 참정권 운동과 금주를 주장하는 절제 운동의 영향을 받은 진보적인 지식인들이었다. 여성의 사회적 지위 향상에 관심이 높았던 그들은 남성과 똑같이 여성도 하나님의 자녀임을 강조하면서 남녀 차별적 관습인 축첩, 조혼, 강제적인 이혼이나 학대 등을 강하게 비판하였다.

이들은 기독교를 통해 단지 여성이라는 이유로 차별의 대상이 되고 교육과 지식에서 소외되며 억압 속에서 노예적 삶을 살아온 한국 여성들을 해방시키고자 하였다. 학교를 세워 여성들에게 근대적 교육 혜택을 받게 하였으며, 직업 교육을 시켜 여성들도 주체적으로 사회에 참여하는 길을 열었다. 함께 일하는 선교사 부부의 삶의 모습은 일부일처제 가정의 모범을 보여주기도 했다.

독신 여성 선교사들은 의사, 간호사, 교사 등 전문직을 가지고 있었다. 19세기 미국에서는 대학 교육을 받은 뒤 전문직에 종사하며, 많은 경우 결혼을 거부한 여성들을 신여성(New Woman)이라 불렀다. 신여성 선교사들로부터 학교 교육을 받은 우리나라 1세대 근대 여성들 중에서도 그들처럼 혼인을 하지 않고 평생 봉사하는 삶을 선택하는 이들이 생겨났다. 이애시도 그들 중 하나였다.

평양 정의여학교에 입학하고 2년 뒤에 갑자기 아버지를 잃은 이애시는 고향의 어머니 곁으로 돌아와 오산학교에서 소학(小學)[4] 과정의 소녀들을 가르쳤다. 4년 뒤, 이애시가 열아홉 살 때 어머니마저 세상을 떠나고 말았다. 그들이 살던 집성촌의 어른들은 이애시에게 혼인을 강력하게 권했다. 하지만 그녀는 그들의 권유를 과감하게 뿌리치고 중대 결정을 내렸다. 가산을 정리한 뒤, 열두 살의 동생 약신을 당시 집안의 어른이었던 남강 이승훈(1864~1930)[5] 선생이 운영하던 오산학교에 맡긴 뒤 자신은 서울의 세브란스 간호학교에 입학한 것이다.

어린 시절 효재는 고모의 사진을 볼 때마다 가슴 가득 차오르는 자랑스러움을 느끼곤 했다. 선교사들이 운영하던 공주 영아원에서 일하던 고모가 서양인 동료들과 어깨를 나란히 하고 찍은 사진이었다. 눈부시게 하얀 간호사복을 입은 사진 속의 고모는 서양 선교사들에 견주어 뒤지지 않을 만큼 키가 크고 당당한 모습이었다.

••

4 '초등학교'의 전 용어.

5 일제 강점기에 활동한 교육자이자 독립운동가이다. 3.1 운동 때는 민족 대표 33인 중 한 사람으로서 독립 선언서에 서명했고, 오산학교를 세워 교육 사업에 힘을 기울였다.

효재가 일신여학교에 다닐 무렵, 고모는 학교 옆 부산진의 호주 선교 본부에서 육아, 생활 개선 운동 등의 보건 사업을 펼치고 있었다. 효재는 가끔씩 학교를 마치고 난 뒤, 고모를 찾아가곤 했다. 그럴 때마다 고모는 계란, 우유 등으로 신비하게 느껴질 만큼 맛있는 요리를 만들어주곤 했다.

어느 날, 효재는 고모 집에서 하룻밤을 지내게 되었다. 그날은 언덕 위에 있던 집의 창문이 날아가고 집안으로 비가 들이칠 만큼 거센 태풍이 몰아치는 날이었다. 고모는 공포에 떠는 어린 효재를 꼭 안더니 바람소리 빗소리를 잠재우겠다는 듯 우렁찬 목소리로 찬송가를 부르기 시작했다.

"내 주는 강한 성이요, 방패가 되시니 내 환란에서 이기니…"

고모의 품 안에서 효재는 서서히 두려움이 사라져가는 것을 느꼈다. 그날의 경험 때문이었을까. 고모는 효재에게 어떤 일이 있어도 흔들리지 않는 강인함의 표상으로 각인되었다.

부산에서 보낸 소녀 시절, 이이효재를 매료시킨 또 다른 여성이 있었다. 아버지 이약신 목사는 해외 유학을 다녀온 목사나 박사 등의 지도자들을 초청하여 청년들을 위한 강연회를 열곤 했다. 어느 날, 초청 강사로 온 당시로서는 희귀한 헤어스타일을 선보인 멋진 신여성이 있었다.

　한국 여성 최초로 미국에서 박사 학위를 받고 돌아온 김활란(1899~1970)이었다. 이화여전의 교수이자 기독교계의 명망가였던 김활란은 초등생 효재의 눈에 멋진 신세계에서 방금 날아온 이방인처럼 보였다. 그녀의 날렵한 단발머리와 양장 옷차림, 화사하고 지적인 모습은 어린 여학생에게 경이로움 그 자체였다. 그날부터 이이효재는 자신도 언젠가 이화여전에 진학하겠다는 꿈을 갖게 되었다.

　그러나 동경의 대상이었던 그녀는 훗날 이이효재를 무척이나 실망시켰다. 한국인 최초로 이화대학의 총장을 맡은 뒤, 학교 발전을 위한다는 명분으로 일제와 타협하고 해방 후에는 독재와도 타협했다.

　반면 효재의 어머니는 계속되는 출산과 육아를 감당

하며 동갑내기 김활란과는 상이한 삶을 살고 있었다. 그렇지만 당시의 여느 한국 여성들의 삶과 비교해보면 무척 진취적인 삶을 살았다고 평가할 수 있다. 그녀는 목사 부인으로서 교회 주일학교와 여전도회의 지도자로 거듭나면서 경남 지역 여전도회의 임원을 할 만큼 활발하게 활동했다.

어느 날, 초등생 효재는 어머니가 여전도회 회의를 주재하는 진행 과정을 유심히 관찰하게 되었다. 말이 없고 무엇이든 허투루 넘기지 않고 유심히 관찰하고 생각하는 것이 효재의 타고난 성격이었다. 회의 과정은 여성 선교사들의 가르침에 따라 민주주의식 토의를 거치고 다수결로 합의를 이끌어내는 절차를 밟았다. 어머니는 명석한 머리와 조리 있는 말솜씨로 회의를 이끌며 다수가결의 원칙에 따라 회의 의제를 결의하였다.

여성들이 둘러앉아 자유롭게 자신의 의견을 말하고 서로를 설득하며 합의를 이끌어내는 모습은 참으로 아름다웠다. 효재는 그런 어머니의 모습이 자랑스러웠다. 훗날 민주적인 방식으로 여성들을 이끌며 여성 운동을 펼쳤던 이이효재의 리더십은 바로 여기에서부터 시작되었으리라.

어린 효재를 매료시킨 진취적인 여성들의 모습은 모두 캠퍼 오일의 강한 향과 함께 머리와 가슴속에 깊이 아로새겨졌다. 그리고 그 강한 향기는 평생 그녀의 삶을 더 나은 세상을 향한 열망으로 이끌었다.

3. 일제 강점이라는 어둠에 맞서 희망을 적다

아들을 많이 두는 것이 인간의 가장 큰 축복이라고 여겨지던 시절이었다. 출산을 앞둔 집에서 딸이 태어나길 고대하는 경우는 거의 없었다. 이이효재의 경우에도 여지없었다. 1924년 11월 14일, 그녀가 식민지 조선의 남쪽 끝자락 마산에서 생을 시작할 당시, 가족들은 모두 아들이 태어나길 간절히 바랐다. 삼대독자인 아버지는 효재보다 두 살 위의 딸을 이미 두고 있었다.

혁명가들 중에는 둘째가 많다고 한다. 이이효재는 둘째인데다가 딸이라는 이유로 환영받지 못하고 태어났으며, 기독교 집안에서 서구적 가치를 수용하며 자랐으니 이래저래 이단아가 되기에 충분한 조건이었다.

이이효재의 어머니는 그 당시 여성이 누릴 수 있는 우월적인 교육 환경에 둘러싸여 있었지만, 식민지 조선에서 여자로 살아야 하는 운명을 피할 수는 없었다. 그녀가 태어나기 6년 전, 어머니는 혼인 직후 일본 유학을 떠난 남편의 부재 속에서 첫아들 동석을 얻었으나 반년도 지나지 않아 잃고 말았다. 이후로 아들을 낳기를 간절히 기도했지만 연이어 딸을 다섯이나 낳고 말았다. 1939년, 마흔하나에 만산으로 사대독자 아들을 얻을 때까지 어머니는 삼대독자인 아버지의 혈통을 이을 아들을 낳지 못한 며느리로서 조상에게 죄인이라는 중압감 속에서 살았다. 그런 어머니를 바라보며 이이효재는 안타까움과 함께 결혼과 출산에 대한 부정적인 생각을 갖게 되었다. 게다가 아주 가까이에 독립적이고 주체적인 삶을 살아가는 롤 모델이 있었다. 심각한 여성 차별 사회에서 시집살이, 며느리로서의 의무, 아내로서의 부담을 과감히 내던지고 꿋꿋하게 자신의 길을 걸어가는 고모 이애시였다.

이애시는 1915년, 다른 세 명의 동료와 함께 세브란스 간호학교를 졸업했다. 졸업 후 세브란스 병원에서 수간호사로 일하던 중 3.1 운동을 맞이했다. 이화학당을 비롯한 기독교계 여학교의 학생들은 독립 만세 운동에 적극적으로 참여했다. 이애시도 미리 독립 선언문을 받아서 벽장에 감춰 두었다가 거리 시위에 나가는 날 세브란스 간호학교의 학생들에게 나눠주었다. 그날 이애시는 붙잡혀 경찰서로 연행되었으나 다행히 기지를 발휘하여 석방되었다. 그날 너무 많은 사람들이 붙잡혀오는 바람에 경찰이 감당하지 못한 덕분이기도 했다.

그 무렵 만주의 신흥무관학교에서는 독립군을 양성하기 위해 비밀 연락망을 두고 망명하려는 국내의 청년 학생들을 안내하고 있었다. 3.1 운동 이후 세브란스 의학전문학교의 의사와 학생들 중에서도 독립운동에 뜻이 있던 이들이 비밀리에 서울을 떠나 신의주 국경 지대로 향했다.

1919년 늦가을, 이애시도 그들과 함께 중년의 늙은이로 변장하여 국경을 넘었다. 평안도 할머니들처럼 머리에 흰 명주 수건을 두르고 손재봉틀 두 대를 양손에 든 차림이었다. 그렇게 그녀는 사람들의 눈을 피하기 위해 철도를 이용하지 않고 걸어서 꽁꽁 언 압록강을 건넜다.

이애시는 신흥무관학교의 간호사가 되었다. 그 무렵 신흥무관학교의 교관이었던 이범석(1902~1972)[6]은 야심 찬 계획을 세웠다. 부하들을 이끌고 1920년 3월 1일에 압록강을 건너 국경 지역을 점령하여 기미운동[7]의 불씨를 되살려보려는 생각이었다. 그런데 계획대로 무기 구입이 이루어지지 않자 혈기 왕성했던 스무 살의 청년은 불면증과 신경 쇠약으로 입원하는 지경에 이르고 말았다. 이범석은 입원 중에 이애시에게 약에 대해 꼬치꼬치 캐묻곤 했다. 이애시는 우울증 증세를 보이는 그가 극약에 과도한 관심을 보이는 것을 미심쩍게 생각

••

6 이범석은 1915년 여운형과 함께 중국으로 건너가 1916년 항저우체육학교에서 6개월간 수학하였으며, 원난강무학교를 수석으로 졸업했다. 1919년 신흥무관학교 교관, 북로군정서 교관, 1920년 사관연성소 교수부장이 되었다. 같은 해 10월에는 청산리 대첩에서 총사령관 김좌진을 도와 제2제대 지휘관으로 크게 활약하였고, 1923년에는 김규식 등과 고려혁명군을 창설하여 기병대장을 맡기도 했다. 광복 후에는 조선민족청년단을 창설하여 청년 교육에 힘썼다. 초대 국무총리 및 국방장관 등을 역임했다.

7 1919년, 곧 기미년 3월 1일에 일본의 강제적인 식민지 정책으로부터 자주독립할 목적으로 일으킨 민족 독립운동.

했다. 그래서 그의 행동을 주시하고 있었다. 그러던 어느 날 밤, 이애시는 무언가 세게 부서지는 소리에 깜짝 놀라 잠에서 깨어났다. 부랴부랴 밖으로 나온 이애시는 쓰러져 신음하는 이범석을 발견했다. 그는 약제실에서 30그램이 넘는 분량의 아편을 가져다 한입에 털어 넣고 미리 구해둔 고량주 한 병을 다 마신 상태였다. 그가 창밖으로 세게 던진 빈 고량주병이 길 건너 중국인 상점 간판을 때리는 소리에 이애시가 깨어난 것이었다. 이애시는 헐레벌떡 의사를 깨우고 이범석의 위를 세척하여 죽음으로부터 구해냈다. 이이효재는 1960년대 후반, 동아방송에서 이범석이 자신의 파란만장한 삶을 회고하는 것을 우연히 듣게 되었다. 그 방송을 듣고서 이이효재는 그를 찾아갔다. 병중이었음에도 그는 은인의 조카를 반겨 맞으며 맛있는 중국 음식을 사주기도 했다. 이범석은 죽음에서 깨어나 의식을 회복하는 순간, 자신을 살려달라는 고모의 간절한 기도를 들었다고 했다.[8]

••

8 이범석, 『철기 이범석 자전』, 외길사, 1991, 159~160쪽

이
이효재

1920년 7월, 신흥무관학교가 폐교되었다. 그때 이애시도 귀국을 결심하였던 듯하다. 이애시를 가장 실망시킨 것은 만주에서 독립운동을 하는 젊은이들의 자유분방한 연애였다. 독실한 기독교 신자인 이애시에게 그들의 사생활은 무질서한 것으로 보였다. 그녀는 평생 동안 보수적인 독신 생활을 고집하였다.

만주에서 돌아온 뒤, 이애시는 일본 유학 도중에 돌아와 마산에 머물고 있던 동생 이약신을 찾아왔다. 그때 처음으로 사돈인 이상소 장로와 올케를 대면했다. 훗날 이애시는 동생을 방문하고 마산에서 통영으로 가는 배 안에서 목 놓아 울었다고 밝혔다. 동생을 사돈에게 빼앗긴 듯한 허전함과 외로움이 밀려들었을 것이다.

독립운동 일선에서 물러난 이애시는 복음화를 통한 인간 구원과 민족 구원을 염원하며 전도 사업에 매진했다. 그녀는 호주 선교사들이 세운 통영의 개척교회를 기반으로 활동했다. 특히 의사가 없던 어촌 지역에서 유능한 간호사 역할을 수행하며 수많은 환자들을 치료하고, 능숙한 산파로서 난산을 겪는 수많은 산모와 아기들을 구했다. 이렇게 그녀가 살린 귀한 목숨들은 기꺼이 교회로 찾아와 감사를 표했다. 이애시는 이 무렵 훗날 윤보선 대통령의 부인이 된 공덕귀 여사의 어머니와 그 가족을 전도하기도 했다. '애시'라는 이름에 걸맞은 삶이었다.

효재의 어머니는 고모 이애시와 달리 아들 낳기를 간절히 원하는 유교적인 사고의 틀에서 벗어나지 못했지만, 교회를 찾아오는 불우한 여성들에게는 새로운 삶의 길을 열어주는 안내자 역할을 적극적으로 수행했다. 일제 강점기에는 가난과 가부장제의 억압 속에서 불우한 삶을 이어가던 여성들이 생활 구제와 새 삶의 희망을 좇아 교회로 찾아들곤 했다. 어머니는 이들을 받아들이고 함께 생활하며 새로운 삶으로 이끌어주었다. 능력 있는 여성들은 성경학교로 인도하여 전도부인으로 양성하였고, 어떤 경우에는 착실한 기독교인과의 재혼을 주선하기도 했다.

청송댁, 구례 아주머니, 함안댁 등이 이이효재의 기억 속에 아직도 또렷이 남아 있는 이들이다. 빚 대신 소실로 팔려간 여성, 남편의 외도로 인해 쫓겨난 여성, 시댁의 학대를 견디지 못해 집을 나온 여성 등 가부장제의 피해자들이었다. 효재의 집에 두세 명씩 함께 살았던 이들을 가까이에서 보며 그녀는 여성 억압에 대해 눈을 뜨기 시작했다. 동시에 어머니의 역할과 그들의 삶의 변화를 목격하며 여성 교육의 중요성을 생생하게 체감했다.

'왜 저 여성들은 힘겨운 삶을 살아야 할까? 여성들이 교육을 못 받아 무지몽매하여 우리나라가 망한 것은 아니었을까? 그래. 여성들이 빨리 교육을 받고 깨어나야 남의 나라에 지배당하지 않고 살 수 있을 거야.'

일제 강점 말기로 접어들며 효재의 가정에도 짙은 먹구름이 드리워졌다. 아버지 이약신은 영어로 설교가 가능한 소수의 한국인 목사 중의 한 사람이었다. 이약신이 일본 유학을 갔을 당시 아버지가 재학했던 중앙대학의 상과에서는 미국인 교수들이 영어로 강의했다. 아버지는 일본에서 대학 입시 준비차 영어 공부를 시작하였고, 귀국 후에는 호주 선교사들과의 교류로 영어가 유창해졌다.

1937년 5월, 이약신은 호주 장로교단으로부터 호주 장로교 100주년 기념대회에 한국 교회 대표로 초청받았다. 일본이 중국 본토를 침략하기 위해 준비하는 시기였다. 일제는 한국인을 황국신민화하고 전쟁에 동원하기 위한 체제를 강화시키며 기독교인들에게 신사 참배를 강요하기 시작했다. 유일신을 섬기는 기독교 목사인 이약신과 주기철은 신사 참배를 도저히 받아들일 수 없었다. 수난이 시작되었고 가족들도 함께 고초를 겪기 시작했다.

　1938년 12월, 이약신은 경찰에 끌려가 모진 고문을 당했다. 이듬해 초, 이약신은 초량교회에서 스스로 물러났다. 그 뒤 평양에 있는 작은 규모의 신광교회로 옮겨갔으나 그곳에서도 신사 참배를 비껴갈 수 없었다. 겨우 2년을 버티고 다시 교회를 그만두었다.

　1939년, 이이효재는 재학 중이던 부산의 일신여학교가 신사 참배 문제로 문을 닫아 학교를 그만둘 수밖에 없었다. 아버지의 일터가 평양으로 옮겨지는 것과 함께 효재는 원산의 루시여학교로 전학했다. 루시여학교는 캐나다 선교사들이 운영하다가 떠난 뒤, 지역 유지들이

이어받아 운영하고 있었다. 그곳에서도 효재는 신사 참배로 인한 고통을 겪을 수밖에 없었다. 학교에서 집단으로 신사 참배에 나서는 날마다 효재는 꾀병으로 앓는 시늉을 하며 누워 있었다.

일본 황태자의 생일이라고 모두 신사 참배에 동원된 날이었다. 꾀병으로 방 안에 혼자 있다 보니 너무도 서러운 마음이 들었다. 펜을 들어 이민족에 짓밟히는 민족에 대한 슬픔과 새로운 날에 대한 희망을 적었다. 성서의 히브리 민족의 수난과 해방에 대한 이야기에 우리나라의 처지를 빗대어 쓴 글이었다. 신사 참배에서 돌아온 같은 방 친구가 그 시를 보고 너무 좋다며 자기 공책에 베껴 적었다.

얼마 뒤 학교에 난리가 났다. 교사와 학생들이 스무 명 가까이 경찰에 끌려갔다. 영어 담당 안시영 선생이 비밀 그룹을 조직하여 한국어와 한국 역사를 가르치던 게 발각난 것이다. 그 당시 일제는 한국어와 역사뿐만 아니라 영어 수업도 금지했다.

전학생이어서 그런 비밀 그룹이 있는 줄도 모르고 있던 효재는 충격을 받았다. 그 와중에 교장실에서 그녀

1941년, 루시여학교 3학년 때 여동생들과 함께 찍은 사진.

를 불렀다. 교장실에는 일본 순사 두 명이 앉아 있었다.

"이런 불온한 사상을 누구로부터 습득했나? 부모인가? 선생인가? 친구인가?"

제복을 보는 것만으로도 온몸이 떨릴 만큼 두려운 순사가 눈을 부릅뜨고 물었다. 그의 손에는 같은 방을 쓰던 친구의 공책이 들려 있었다.

"저는 어려서부터 기독교 신자로 성경을 가까이하며 자랐습니다. 누구로부터 배운 적이 없습니다. 성경의 히브리 역사를 통하여 스스로 민족 해방 사상을 갖게 되었습니다."

두고두고 생각해도 지혜로운 답변이었다. 항상 말이 없고 생각이 많은 그녀는 위기에 처했을 때 차분해지는 면이 있었다. 2개월의 정학 처분으로 사건은 일단락되었다. 전교 1등이었던 효재는 졸업식에서 도지사상을 받을 수 있었으나 정학으로 인해 그 자격을 박탈당했다. 하지만 전혀 아쉽다고는 생각하지 않았다.

1941년, 평양 교회의 목사직을 그만두고 부산으로 돌아온 아버지 이약신은 다시 구속되었다. 어머니는 가족의 생계를 위해 포목점을 열었다. 1941년 12월, 일본이 진주만을 공격하면서 미국과 전쟁을 시작했다. 친미로 몰아 기독교인들에 대한 일대 검거령이 내려졌고 구속 자들은 혹독한 처벌을 받았다. 아버지는 신사 참배 거 부뿐만 아니라 호주 방문 이력으로 인해 친영 친미 인 사라는 간첩 혐의까지 받아 심한 고문을 당했다. 심신이 극도로 약해진 아버지는 병보석으로 일시 석방되었다.

어머니는 만주에 사는 친정 동생들 곁으로 아버지를 피신시키기로 했다. 당시 이모네 가족은 만주에, 외삼 촌 가족은 하얼빈에 살고 있었다. 1942년, 아버지가 피 신하고 나자 매일 새벽 형사들이 발길질로 대문을 차는 소리에 가족들이 깨어나곤 했다. 아버지가 어디 있는지 알지 못한다고 버텼으나 협박과 위협에 하루하루 견뎌 내기가 힘들었다. 아버지가 병보석으로 풀려날 때 보증 을 섰던 이모부도 위험을 느꼈다.

"우리가 이렇게 불안에 떨며 언제까지 견딜 수 있을 지 모르겠다. 효재와 효숙은 처녀 공출로 끌려갈 수도 있지 않겠니?"

일제는 근로정신대라며 처녀들을 데려가고 있었다.

하지만 누구도 그들을 데려다 군인들의 성 노예로 부리고 있음은 상상도 하지 못했다. 결국 효재의 어머니는 결단을 내리고 007작전을 방불케 하는 도피 계획을 세웠다. 초등학생인 성숙과 막내 은화를 부산의 고모에게 맡기고, 네 살배기 막내 남동생 성웅과 어머니, 효재, 효숙은 사람들의 눈을 피해 만주로 가는 기차에 올랐다. 효주 언니 가족도 뒤따라 만주로 피신해왔다.

그 뒤 해방이 오기까지의 3년간은 끔찍한 악몽이었다. 이때 느꼈던 두려움과 압박감은 평생 무의식에 남아 오랫동안 이이효재의 꿈에 등장하곤 했다. 아버지에게 친형과 같았던 주기철 목사는 결국 해방을 보지 못하고 감옥에서 죽음을 맞이했다. 그때 만주로 피신하지 않았다면 아버지도 같은 일을 겪지 않았으리라는 보장이 없었다.

친척들의 도움에 의지하여 더부살이하는 것도 눈치가 보였다. 마침 이모의 지인 중에 김구 선생과 함께 독립운동을 하다가 피신해온 이웃이 있었다. 그 집에 결혼 적령기의 청년이 있었다. 이모가 말했다.

"효재야, 집안 생각을 해서라도 혼인을 하는 것이 어

떻겠니? 처녀 공출도 겁나고 부모님에게도 부담을 덜어주는 일일 것이고."

부모님까지 같은 뜻이어서 효재는 몇 차례 그 남자를 만나 마차를 타기도 하고 데이트 비슷한 것을 해보기도 했다. 그러던 중 이모와 어머니가 결혼을 서두르자 효재는 위기감을 느꼈다. 언젠가 시절이 좋아지면 공부를 더 하고 싶었고, 독신으로 살면서 세상을 위해 봉사하겠다는 꿈은 흔들림 없이 굳건했다. 고민 끝에 효재는 결국 가족들 몰래 짐을 싸서 마산으로 돌아오고 말았다.

시간이 흐른 뒤, 미국 유학 시절에도 효재는 미국 청년으로부터 끈질긴 청혼을 받은 적이 있었다. 하지만 빨리 공부를 마치고 귀국하여 나라에 도움이 되겠다는 결심이 어찌나 강했던지 그때도 별 고민 없이 청혼을 뿌리쳤다.

고모 이애시가 홀로 두 어린 조카를 부양하는 일은 버거운 일이었다. 효재가 마산으로 돌아오니 동생들은 마산의 이모집으로 보내져서 눈치꾸러기가 되어 배를 곯고 있었다. 효재는 고모와 동생들을 합치고, 만주에 있던 어머니와 동생 효숙까지 마산으로 돌아오도록 설득했다.

　가족들의 생계 수단은 어머니가 결혼할 때 외할아버지로부터 물려받은 30마지기 땅에서 나오는 소출이었다. 일제가 물자 동원령으로 곡식을 강제로 빼앗아 가고 있어 생계는 갈수록 힘들어졌다. 다행히 의사인 이모부가 오늘날의 마산시장 격인 마산부윤과 친분을 맺고 효재를 소개시켜줘 말단 사무원으로 취직할 수 있었다. 효숙은 군수 공장에 타이피스트로 취직하였다. 두 자매의 취직은 처녀 공출을 피하는 동시에 생계에도 도움이 되었다. 소작인에게서 받아오는 식량에다 동생이 군수 공장에서 가끔씩 얻어오는 식료품, 집 근처의 양조장에 줄을 서서 얻어오는 술 찌꺼기 등으로 가족은 목숨을 연명했다.

　일제 강점기는 누구나 목숨을 부지하기 어려운 시절이었다. 그렇게 깜깜한 절망의 시간 속에서도 효재는 희망을 포기하지 않았다. 어려서부터 다져온 신앙심과 희망이 있었기에 어둠을 이겨낼 수 있었다. 그럼에도 그때의 불우했던 기억은 효재의 머릿속에 평생 잊히지 않고 각인되었다. 그리고 민족과 조국이 위험에 처했을 때 그녀가 움직이게 하는 거대한 원동력이 되었다. 민족 또는 나라의 운명이 곧 자신의 운명이었음을 뼈저리게 느꼈기에. 지금도 이이효재는 매일 새벽 눈을 뜨면 평화 통일을 위한 기도문을 백 번씩 읊조리고 있다.

4. 외롭고 고달팠던
어느 미국 유학생의 다짐

말이 없고 움직임보다 생각이 많은 아이들은 자연스럽게 독서와 공부를 좋아하게 마련이다. 신체 활동이 부족하면 가만히 있는 시간이 많아지고 그러다 보면 생각과 궁금증도 많아진다. 어려서부터 독서와 공부를 좋아했던 이이효재에게 공부는 평생 동안의 직업이자 삶의 구체적인 방향을 찾아가는 구도의 과정이었다.

1945년 6월, 만주에서의 낭인 생활을 더 이상 견딜 수 없었던 아버지 이약신이 해골처럼 마르고 검게 그을린 초라한 모습으로 집에 돌아왔다. 기독교계 인사들을 검거하여 모두 총살시킨다는 흉흉한 소문이 돌던 때였다. 가족들은 아버지를 다락방에 숨겨두고 숨을 죽이며 하루하루를 살아갔다. 어린아이들 입단속에 침이 마를 정도로 노심초사하던 어머니와 고모 이애시는 아버지를 변장시켜 다시 만주로 피신시키기로 결정했다.

아버지가 떠나고 며칠 뒤, 그토록 간절히 고대했던, 효재가 일생 동안 기다렸던 해방이 함석헌의 표현대로 "마치 도둑처럼" 왔다. 아버지 역시 만주로 가던 길 중간에 집으로 돌아왔다. 해방은 오랜 가뭄에 지쳐 바짝바짝 말라가던 나무에 내리는 단비처럼 고마웠고 가슴이 터질 듯한 행복이었다.

1945년 9월, 효재는 부푼 꿈을 안고 상경했다. 마침내 그토록 간절히 꿈에 그리던 이화대학 문과 학생이 되었다. 하지만 감격은 그리 오래 가지 못했다. 미군정청의 서울 소재 국립대학들을 통합하여 서울대학교를 설립한다는 정책에 대한 반대 운동, 신탁 통치 반대 혹은 찬성 등으로 학생들은 좌익과 우익으로 나뉘어 하루도 조용할 날이 없었다.

보수적인 기독교 집안에서 태어나 서양 문화를 익히며 자란 효재는 민족사적·세계사적 비판 의식이나 역사 인식이 부족했다. 어지러운 정치 상황을 우리 민족이 깨치지 못한 탓이라고만 생각했다. 그저 관념적으로 이 나라를 구하는 길이 뭘까, 여성으로서 자신이 할 수 있는 뭘까 하는 막연한 생각만이 머릿속을 가득 채우고 있었다.

열심히 공부해서 삶의 방향을 탐구하겠다는 효재에게 가장 매력적인 강의는 서양 철학, 그중에서도 실존주의 철학이었다. 마땅한 교재가 없어서 헌책방을 뒤져 키르케고르, 야스퍼스, 파스칼 등 일본어로 된 철학책을 찾아 읽었다.

1947년 여름, 효재와 동생 효숙에게 미군정청 외사과로부터 연락이 왔다. 그곳을 찾아가니 조브 카우치(Jobe L. Couch)라는 사람이 보낸 미국 앨라배마 대학교의 입학 허가서와 왕복 여비를 포함한 재정 보증서가 와 있었다.

카우치는 앨라배마 주립대학 투스칼루사 캠퍼스의 수학과 교수로 일하던 중 태평양 전쟁 말기에 징집되어 한반도에 진주했다. 그는 해방 직후 마산시 미군정청에서 종교문화 담당 군정관으로 근무했다. 독실한 기독교 신자였던 그는 영어로 소통이 가능한 효재의 아버지 이

이 깨치지 못한 탓이라고만 생각했다.

대한민국 여성 운동의 살아 있는 역사

약신 목사를 자주 찾았다. 자녀가 없었던 그는 당시 여고 졸업반이던 효숙을 특별히 귀여워하였다. 그래서 귀국 후에 효숙을 미국으로 데려가 공부시켜 주겠다는 약속을 하였지만 아버지는 이를 심각하게 받아들이지 않았다.

카우치는 귀국한 뒤 약속대로 효숙을 초청하는 절차에 들어갔다. 그러나 당시 앨라배마는 아시아인을 구경하기가 힘든 곳이었다. 그런 곳에서 효숙이 혼자서 적응하기는 힘들 거라는 생각이 들었다. 결국 그는 그 당시 이화대학에 함께 재학 중이던 효재를 함께 초청하기로 했다.

영어 실력이 부족하고 서양 문화나 미국 생활에 대한 예비지식이과 경험이 전혀 없던 두 자매는 미지의 세계에 발을 내딛는 것에 크나큰 부담을 느꼈다. 부모님은 "좋은 기회이니 스스로 잘 생각해서 결정하라"고 했다. 아버지는 호주를 방문한 경험이 있었기 때문에 미국 유학에 대해 호의적이었다. 외삼촌과 이모부가 미국 유학생 출신이었기에 어머니도 두 딸의 미국 유학을 크게 걱정하거나 두려워하지 않았다.

효재는 고민 끝에 어지러운 정치 상황과, 교재와 교수도 부실한 조건에서 공부하는 것보다는 빨리 미국에 가서 새로운 지식을 배우고 돌아오는 것이 낫겠다는 생각에 이르렀다. 나라를 발전시키기 위해서는 하루빨리 서양을 따라잡아야 한다는 생각에 전혀 의심이 없었다. 만 스물셋이면 당시로서는 노처녀였는데, 결혼을 고려해본 적이 없었던 효재는 자신이 노처녀라는 의식조차 없었다.

1947년 12월 17일, 자매는 인천항에서 떠나는 미군 수송선에 몸을 실었다. 미국으로 가는 여객선도 비행기도 없던 시절이었다. 도중에 미군기지가 있던 오키나와, 요코하마에 들렀다. 출발 후 16일째인 1948년 1월 1일에 샌프란시스코항에 도착했다.

미군들은 살아서 고향에 돌아온 기쁨에 축포를 울리고 환호성을 올렸다. 그들 곁에서 두 자매는 새로운 세계에 대한 두려움으로 겁에 질려 있었다.

다행히도 어머니와 연락을 주고받던 어머니의 의신여학교 동창생이 샌프란시스코항으로 마중 나와 뱃멀미와 피로에 지친 두 사람을 환대해주었다. 사진신부로 하와이 노동자와 결혼하기 위해 미국행을 택했던 아주머니는 샌프란시스코로 이주해 살고 있었다.

일제 강점기 시절, 사탕수수 농장의 노동자로 하와이에 이민 온 독신 남성들이 미혼으로 늙어가자 사진을 보내 그들의 신부를 구했는데 이때 넘어온 여성들을 사진신부라고 불렀다. 1910년부터 1924년까지 사진신부로 하와이에 온 한국 여성은 951명이었다. 사진신부들은 경남 지역에서 집중적으로, 교회를 통하여 모집되었다. 대다수 노동자들이 무학이었던 반면에 사진신부들은 대부분 기독교 신자들로 근대식 교육을 받은 이들이었다. 그들은 답답한 조선을 벗어나서 공부를 하거나 새로운 삶을 개척하려던 진취적인 여성들이었다. 훗날 하와이 이민자들이 독립운동을 지원하는 세력이 된 중심에는 이들 신여성들이 있었다.[9]

어머니 친구 아주머니는 자매에게 이런저런 미국 생활에 대한 안내를 해주고 옷, 구두, 가방 등도 마련해주

9   이배용,『우리나라 여성들은 어떻게 살았을까 2』, 청년사, 1999, 97쪽

1949년 앨라배마 대학에서 기숙사 친구들과 함께 찍은 사진.

었다. 며칠 뒤 두 자매는 기차를 타고 로스앤젤레스, 애리조나, 뉴멕시코, 텍사스, 루이지애나, 미시시피를 지나서 앨라배마까지 열흘 가까이 이동했다.

한국에서 음악을 전공했던 효숙은 미국에서도 음악을 전공하기로 결정했다. 그런데 철학을 전공하고자 마음먹고 있던 효재는 크게 실망했다. 앨라배마 대학교 도서관에 실존주의 철학책은 한 권도 없었고, 철학을 전공하던 단 한 명의 교수는 분석철학 전공이었다. 그는 효재에게 영어 실력이 부족하니 가정학을 택하라고 권유했다. 가정학에 전혀 관심이 없었던지라 낙망한 효재는 다른 선택을 찾아 학교 카탈로그를 자세히 들여다보았다.

거기에는 난생 처음 보는 여러 과목이 있었다. 문과에는 영문학, 철학, 가정학 등만 있는 것으로 알고 있었는데 인류학, 사회학, 사회 조사 방법, 사회사상사 등의 과목도 있다는 사실을 처음으로 알게 되었다. 독립한 나라를 발전시킬 길을 찾고자 했던 그녀는 어쩌면 자신이 공부하길 원했던 학문이 사회사상사가 아닐까 생각하고 사회학을 전공으로 결정했다.

학부 과정을 처음부터 다시 시작하면서 영어, 식물학, 동물학, 미국 역사, 수학 등 교양 과목도 다시 수강했는데, 영어 실력이 부족하다 보니 한국에서는 관심도 없고 잘하지도 못했던 수학 성적이 그나마 가장 우수했다. 기대에 잔뜩 부풀어 신청했던 사회사상사 수업도 예상했던 것과는 거리가 멀었다. 부족한 어학 실력에 난생 처음 듣는 내용이라 이해하기 힘들었다. 게다가 네덜란드에서 온 노교수의 영어 발음은 더욱 알아듣기가 어려웠다.

그럼에도 인간들 사이의 상호작용과 그 상호작용 속에서 형성되는 관습, 사회 제도, 인간의 복지를 향상시키기 위한 변화의 방향을 연구하는 사회학의 원론적 관심 영역은 공부하고 싶은 의욕을 불러일으켰다. 다만 수업 내용 중에 효재가 기대했던 사회를 발전시키는 데 직접적으로 도움이 될 만한 아이디어는 없었다. 사회학은 사회 통계와 사회 조사를 지표로 한 사회 계층 연구가 중심이었다.

타국에서의 대학 생활은 쉽지 않았다. 학비 감면을 위해 효재는 도서관에서 아르바이트를 했다. 그래서 늘 잠이 부족한 데다 음식이 입에 맞지 않아 먹는 것도 부실했다. 한국에 있는 가족들에 대한 그리움도 컸다. 게다가 카우치씨 부부는 자매가 함께 있으면 계속 한국어를 사용하게 되어서 영어가 늘지 않을 거라며 효재는 기숙사에서, 효숙은 카우치씨의 집에서 살도록 했다.

제2차 세계 대전 이후의 미국 사회는 승리감에 도취해 있었고 경제적 호황이 이어지면서 희망에 들떠 있었다. 암울했던 식민지 시대와 해방 후의 혼란 속에서 불안과 공포에 더 익숙한 효재에게는 그들의 생기발랄한 모습 자체가 충격이었다.

"뭐가 저리 원더풀, 뷰티풀하다는 것일까?"

이방인인 효재는 그들로부터 한 걸음 떨어져 혼자서 중얼거리곤 했다.

미국 일반 병사법(GI Bill)에 따라 퇴역 군인들에게는 학비 면제와 생활비 혜택이 주어졌다. 대학 캠퍼스는 자유를 누리는 퇴역 군인들과 그들의 가족으로 가득 찼다.[10] 그런 그들의 자유분방한 생활 모습은 식민지에서 갓 벗어난 세계에서 가장 가난한 나라, 남녀칠세부동석(男女七歲不同席)의 나라에서 온 효재에게 충격이었다. 캠퍼스에서 남녀가 껴안고 키스하고 애무하는 것은 예사였다. 매일 파트너를 바꾸어가며 데이트에 열을 올리는 여학생들과 같은 기숙사에 살다 보니 '내가 매춘국에 온 것은 아닌가' 하는 생각이 들 정도였다.

••

10 사라 M. 에번스, 『자유를 위한 탄생 – 미국 여성의 역사』, 이화여자대학교출판문화원, 1998, 362쪽

그들은 이름도 들어본 적이 없는 동양의 가난한 나라에서 온 유학생에게 전혀 관심이 없었다. 그저 동정의 눈초리로 바라보는 것이 그들이 보이는 호의의 전부였다. 기숙사 동료들은 효재가 날달걀을 먹는 모습을 보고는 기겁하기까지 하였다.

효재의 유학 생활은 단순히 공부에 대한 부담뿐만 아니라 몇 세기의 문화적 갭을 뛰어넘어야 하는 과제까지 더해졌다. 미국 내에서도 흑백 차별이 유별나게 심한 남부 앨라배마여서 더했을 것이다. 그러나 그 당시에는 그 많은 학생들 중에 흑인이 하나도 없다는 사실을 의아하게 느낄 마음의 여유조차 없었다.

그 와중에 한국 전쟁이 발발했다. 연일 신문, 잡지, 텔레비전에서 가난한 피난민의 행렬, 죽어가는 고아들, 밀려 내려가고 올라가는 전쟁 상황이 보도되었다. 우리 민족에게는 너무도 수치스럽고 가슴 아픈 일인데, 그런 점은 고려하지 않고 우리 민족의 못난 면만을 이리저리 까발리면서 미국 젊은이들이 한국의 자유와 민주주의를 위해서 얼마나 희생하고 피를 흘리는가에만 초점을 맞추어 보도했다. 그런 언론 내용은 효재의 가슴을 찢

어놓았다. 한국을 떠날 때만 해도 분단이 기정사실화된 것이 아니어서 통일의 희망이 있었다. 그러나 '이제는 완전히 민족이 분단되는 구나' 하는 절망감만 남았다. 효재는 먼 이국에서 전쟁을 바라보며 우리 민족이 나아가야 할 길을 더욱 깊이 고민했다.

앨라배마 대학교는 미국의 동부나 서부에 비해 보수적인 남부 지역에 있던 대학인 데다 매카시즘(McCarthy-ism)[11]의 광풍이 휘몰아치면서 효재가 배우는 사회학은 더욱 보수화되었다. 마르크스주의자들이 대학에서 쫓겨나 설 땅이 없어지면서 효재는 인류학, 가족 문제 등 사회 문제 연구 과목과 범죄 등 초보적인 사회 조사 과목만 배웠다. 수업이 재미가 없어 전공에 대해 불만과 회의만 쌓여갔다.

1952년 봄, 효재는 앨라배마 대학교를 졸업할 무렵이

••

11 매카시즘은 1950년부터 1954년까지 미국을 휩쓴 공산주의자 색출 열풍으로 대부분의 경우 공산주의자와 관련이 없었지만, 많은 사람들이 블랙리스트에 오르거나 직업을 잃었다. 미국 상원 의원 조지프 매카시가 미국 공화당 당원 집회에서 "미국 내에서 공산주의자들이 암약하고 있으며, 자신은 그 명단을 갖고 있다"고 주장한 사건을 계기로 일어났다.

었다. 졸업 이후 진로에 대해 판단이 서지 않았다. 사회학을 계속 공부해야 하나 회의가 들기도 했다. 한편으로는 전쟁 중인 조국으로 돌아가 무언가 해야 하는 것은 아닐까 고민하며 부모님에게 귀국을 상의했다.

"현실에 대한 걱정과 염려보다는 나라와 민족의 장래를 위해 학문에 전력하며 하나님의 은총에 대한 굳은 신앙을 잃지 말라. 기독교 신앙을 바탕으로 선진적인 서양 문물을 배우고 전문 지식을 얻어 후진적인 우리 사회를 위한 큰 일꾼이 되어 달라."

아버지의 부탁이었다. 당시 미국의 대학에는 학교에서 예배와 종교 교육을 맡아보는 각 교파별 목사가 배치되어 있었다. 장로교 목사의 딸로서 기독교 성향이 강했던 효재는 장로교 담당 목사에게 찾아가 진로를 상담했다.

"효재, 버지니아의 리치몬드에 연합 장로교 신학교 교육대학원(The Presbyterian School of Christian Education)이 있어요. 그 대학원에 기독교 평신도 교육가들을 양성하는 프로그램이 개설되어 있습니다. 전액 장학금까지 받을 수 있으니 효재에게 알맞은 곳이라 생각해요."

한국 사회를 발전시킬만한 지식을 배워 돌아가야 한다고 생각하던 효재는 그곳에서 사회를 발전시키는 구체적인 방법이나 아이디어를 얻을 수 있지 않을까 생각했다. 효재는 목사가 추천해준 대학원에 진학했다.

그 무렵 효재는 자꾸 기침을 하고 열이 나면서 몸무게가 줄어들기 시작했다. 처음에는 과로로 인한 것이려니 했으나 진찰 결과 폐결핵이었다. 청천벽력 같은 소식이었다. '혹시 꽤 오래 전부터 이 병이 시작된 것은 아닐까?' 의문이 들었다. 대학 입학 전 건강 검진을 받았을 때, 효숙의 폐에 이상 징후가 보인다며 엑스레이 사진을 다시 찍었던 적이 있었다. 다시 찍은 효숙의 엑스레이 사진에서는 아무런 이상을 찾을 수 없었는데, 아마 둘의 사진이 바뀌었던 것은 아니었을까 하는 심증이었다. 학교 전체를 통틀어 아시아인 유학생은 효재, 효숙 자매뿐이었다. 그러니 그들이 너무나도 낯선 동양인의 이름과 사진을 혼동했을 가능성은 충분했다.

공기가 맑은 요양원에서 정양을 하는 것이 가장 중요한 치료책이었다. 효재는 사회 취약 계층을 위한 무료 결핵 요양원에 입원했다. 그리고 비참한 기분으로 침대

1952년 10월, 버지니아의 장로교 신학교 교육대학원에 진학하여 친구들과 함께 찍은 사진.

에 누워 신문과 텔레비전을 통해 쏟아지는 한국 전쟁 관련 뉴스를 들었다. 동족상잔의 전쟁 중인 조국과 마찬가지로 그녀의 몸속에서도 전쟁이 벌어져 있었다. 이대로 머나먼 이국에서 허망하게 죽는 것은 아닐까 두려웠다. 하지만 그토록 살벌했던 일제 강점기도 지나왔는데 병으로 무너질 수는 없었다.

2년 동안의 요양원 생활 뒤 효재는 건강을 되찾고 학교로 돌아왔다. 연합 장로교 신학교 교육대학원은 보수

신학이 주류였지만 진보적 신학을 하는 교수도 한 사람 있었다.

"역사가 예정된 대로 움직여 종말이 오고 심판이 오는 것이 아니라 인간 역사의 발전과 더불어 신의 계시도 진보적으로 증대되어 갑니다."

그의 강의는 보수적 신앙에 젖어 있던 효재의 눈을 번쩍 뜨게 했다. 더불어 마가렛 미드(Margaret Mead, 1901~1978), 루스 베네딕트(Ruth Benedict,1887~1948) 등 여성 인류학자들의 저서를 읽으며 문화의 상대성에도 눈 뜨게 되었다.

효재는 그곳에서 마가렛 페기 리그(Margaret Peggy Rigg, 1928~2011)라는 평생의 친구도 만났다. 마가렛은 잡지사의 아트 디렉터로 일하다가 대학원에 진학한 친구였다. 이이효재와 마찬가지로 그녀도 평생 흑인 인권 운동, 여성 운동에 적극적으로 참여했다. 두 사람은 평생 동안 서로의 삶을 응원하고 지지했다.

1973년, 페기는 풀브라이트 객원 교수로 한국을 방문하여 1년 동안 이이효재 가까이에 머물렀다. 이듬해, 그녀가 유럽 여행 도중 교통사고로 크게 다쳐서 몇 달 동

마가렛 페기 리그의 미술 작품 「아이구」.

안 병원에 입원했을 때 이이효재는 영국까지 문병을 가
기도 했다.

가끔 한국을 방문했던 마가렛은 이이효재와 함께하
는 등산을 진심으로 즐기며 막걸리와 빈대떡을 무던히
도 좋아했다. 산을 특별히 좋아하는 이이효재에게 '청
산'이라는 호를 지어준 이도 그였다. 이이효재와 마찬
가지로 마가렛도 독립적이고 주체적인 삶과 예술을 위
해 평생 비혼을 선택하고, 플로리다의 에커드 미술대학
에서 교수로 일하면서 여성 예술가들을 양성하는 데 힘

썼다. "우리들 삶의 모든 고통 아래에 숨겨진 삶의 유머를 전달하기 위해 예술을 한다"던 마가렛은 평소 "모든 사람들과 사물이 다 연결되어 있다"고 굳게 믿는 사람이었다.

2011년 7월 16일, 그녀가 세상을 떠나던 날 아침에 일어난 일은 이이효재에게 평소 그녀의 주장과 믿음을 증명해 보이는 듯했다. 수년간 아무 탈 없이 이이효재의 안방에 걸려있던 그의 작품 액자가 갑자기 떨어져 내린 것이다. 그리고 몇 시간 후, 마가렛이 폐렴으로 세상을 떠났다는 전화가 걸려왔다.

에커드 대학 안에 여성자원위원회를 설치하고 여성 예술가들을 위해 장학금을 만들었던 마가렛은 세상을 떠나면서 사랑하는 한국의 평생 친구에게 1,000달러의 선물을 남겼다. 이이효재는 평소의 그녀가 즐겨 읊었던 한국어 "아이구"를 되뇌며, 그 돈을 그녀가 설립한 장학 기금에 기부해날라고 부탁했다.

인간이 자유 의지를 가지고 역사 발전에 주체적인 역할을 할 수 있다는 교수의 가르침과 적극적이고 진보적인 생각을 가진 친구와의 교류는 효재의 인생에 다시 활력을 주었다. 자연스럽게 다시 사회학을 공부하고 싶다는 열망이 생겨났다.

5. 여성 스스로 고민하고 행동하게 만드는 사회학을 가르치자

이이효재가 교육대학원에 재학 중이던 1954년 7월, 아버지 이약신 목사가 미국을 방문했다. 미국 장로교 신학의 보수주의 입장을 대표하는 웨스트민스터 신학교(Westminster Theological Seminary)가 한국 장로교파의 첫 번째 분열인 고신파 교단 경남 장로교 법통노회[12]의 회장 자격으로 그를 초대했던 것이다. 이약신은 법통노회의 초대부터 제 3대까지 회장을 연임했다.

1951년, 그가 속해 있던 고려신학교와 고신교단은 일

● ●

12 장로교에서, 각 교구의 목사와 장로 대표들이 참가해 법과 전통에 대하여 논하는 모임.

제 강점기의 신사 참배를 묵인했던 예수교 장로교단과 결별했다. 신사 참배를 반대했던 장로교 목회자들이 1938년에 장로교단이 결의했던 신사 참배 허용을 실질적으로 회개하고 이를 뒷받침하는 자숙을 요구하면서였다. 이들은 일제하에서 신사 참배와 천황 숭배에 굴복한 한국 교회는 자유주의 신학의 영향으로 정통 신앙이 상실되었다고 우려했다. 그리고 이를 바로세우기 위해서는 참된 교역자 양성이 시급하다며 고려신학교를 설립했다. 하지만 신사 참배를 허용했던 기존의 예수회 장로교 총회 쪽에서는 고려신학교를 인정하지 않았고, 이에 반발한 목회자들이 독자적으로 경남법통노회를 설립했던 것이다.

아버지가 미국을 방문했을 때, 넷째 딸 성숙까지 세 자매가 미국에 있었다. 효숙은 앨라배마 대학 종교음악과를 졸업하고 뉴욕시 유니온 신학교 종교음악과 대학원에 진학해 있었다. 넷째인 성숙은 미시간주의 칼빈 대학교에서 막 유학 생활을 시작하고 있었다. 세 자매는 오랜만에 필라델피아에서 아버지와 만나 각자 바쁜 일정 때문에 겨우 하루나 이틀뿐이었지만 행복한 시간

1954년, 미국 필라델피아를 방문한 아버지 이약신과 성숙, 효숙, 효재 자매(왼쪽부터).

을 함께했다.

아버지는 이듬해 6월까지 1년 가까이 미국에 머물렀다. 그 당시 부모님은 '희망원'이라는 고아원을 운영하고 있었다. 해방 직후, 일본과 중국에서 귀환하던 도중에 부모와 가족을 잃고 고아가 되어 먹을 것을 구걸하는 아이들이 허다했다. 1945년 가을에는 마산 지역에 콜레라가 번지면서 고아들이 많이 생겨났다. 그렇게 오갈 데 없는 아이들을 몇 명 돌보던 부모님에게 맡겨지는 아이들이 하나둘 늘어갔다. 부모님은 아예 아이들과 함께 머물 공간을 찾아 진해로 이사했다.

아버지는 고아원을 후원하는 독지가가 살던 텍사스주의 여러 지역 교회와 단체를 방문하고 설교하면서 교회와 '희망원'에 대한 지원을 호소했다. 아버지가 미국에 머물던 1955년 2월, 효숙은 뉴욕에서 만난 한국 유학생 로광욱과 아버지의 주례로 결혼식을 올렸다. 효재는 대학원 마지막 학기 일정 때문에 결혼식 다음 날 바로 리치먼드로 돌아왔는데, 당시에는 그 자리가 아버지와의 마지막이 될 거라는 사실을 꿈에도 생각지 못했다.

1955년 가을, 효재는 신학대학원을 마치고 뉴욕시 콜롬비아 대학교의 사회학과 대학원에 입학했다. 그 곳은 로버트 머튼(Robert K. Merton), 폴 라자스펠트(Paul Lazas-feld), 킹슬리 데이비스(Kingsly Davis) 등 당대의 유명한 구조기능주의 사회학자들이 모여 있는 미국 사회학의 중심지였다.

그 당시 미국 사회학은 과학적 사회학의 기치를 내걸고 논리적 이론의 틀을 세우며 그 틀에 따라 사회 현상을 조사, 분석하는 것이 주를 이루었다. 공부는 재미있었으나 한국 사회를 민주화시키고 변화시키는 데 기여할 수 있는 사회 개혁 프로그램에 대한 아이디어는 얻기 힘든 구조였다. 하지만 사회학 자체는 사회 현실을 분석하고 실증적으로 이해할 수 있는 유용하고 새로운 학문 분야였다. 효재는 사회학을 배우고 귀국하여 대학에서 가르쳐야겠다는 목표를 세웠다.

미국 사회는 점점 보수화되면서 단란한 부부 중심의 핵가족으로 사회 구성이 바뀌고 있었다. 효재는 가정의 재생산자로서의 여성의 위치와 지역 사회 일원, 시민으로서의 여성의 역할에 관심을 가졌다. 미국 중산층 여성들이 지역 사회를 위해 활발하게 봉사 활동하는 모습을 부러운 시선으로 바라보기도 했다. 그때 효재의 머릿속에는 아직 노동자 혹은 생산자로서의 여성에 대한 의식은 존재하지 않았다.

그러던 어느 날, 도서관에서 일제 강점기에 일본인이 쓴 『조선조 시대의 신분 상승 통계』라는 책을 발견했다. 효재는 책을 읽은 뒤 석사 학위 논문으로 사회 계층론을 적용하여 '조선 시대 신분의 상승과 하강에 관한 연구'를 진행하기로 결정했다. 그리고 사회 계층론을 가르치는 라인하드 벤딕스(Reinhard Bendix)를 지도 교수로 정했다.

1957년 1월 20일, 논문 작성에 열과 성을 다하고 있던 중 아버지가 급성 간암으로 세상을 떠났다는 충격적인 소식이 날아왔다. 아버지의 건강한 모습을 본 지가 2년이 채 되지 않았는데 돌아가셨다니 믿어지지 않았다. 하지만 마무리되어가는 학업을 중단하거나 미룰 수는 없었다.

1957년 5월, 효재는 콜롬비아 대학에서 석사 학위를 받았다. 요즘과 달리 당시는 석사 학위를 대단한 성취로 인정하는 시대였다. 대학 교수가 되기 위해서 박사 학위가 필요하지 않았다. 떠나온 지 9년이나 되었으니 하루빨리 고국으로 돌아가고 싶었다.

그 당시 유학생들은 대부분 공부를 마친 뒤 귀국을 포기했다. 전쟁 직후라서 나라 상황이 비참하기 이를 데 없었고, 휴전 중이라 언제 다시 전쟁이 날지 알 수 없다고 여겼다. 효숙 부부도 미국에 정착할 계획이었다. 이와 달리 효재는 단 한순간도 미국에서 정착해 살겠다고 생각했던 적이 없었다. 유학 시절 내내 그녀의 머릿속에는 빨리 돌아가서 무엇인가 해야 한다는 생각이 강박처럼 박혀 있었다.

1957년 6월, 외사촌 동생이 살던 시애틀에서 한국으로 떠나는 상선이 있다는 소식을 들었다. 효재는 뉴욕에서 기차로 시애틀까지 이동한 뒤 상선에 몸을 실었다.

'남쪽만이라도 민주 사회를 이룩해서 자주성을 획득한다면 민주 통일 사회를 이룩할 날이 오겠지. 우리 사회의 문제를 파악해서 사회 현실을 개선하는 방법을 찾아 민주 사회를 건설하는 일에 기여하자. 앞으로 아무리 힘들어도 불평은 하지 않으리라.'

그녀가 태평양을 건너며 한 결심이었다. 일본을 거쳐 부산항에 내렸다. 사람들의 표정에는 여전히 전쟁의 그림자가 드리워져 있었다. 희망에 들떠 있던 미국 사람들의 표정과는 천지 차이였다. 서양 선교사들이 이 땅을 밟을 때 이런 기분이 아니었을까 생각했다.

우습게도 한국에 돌아온 뒤 이이효재는 종종 아이들로부터 "앗, 미국 사람이다!"라는 말을 들었다. 아버지를 닮아 키가 훌쩍 크고 코가 큰 데다 한복을 입는 대부분의 여성들과 달리 양장을 입고 다니니 아이들의 눈에는 얼핏 외국인으로 보이는 모양이었다.

아버지의 죽음에 가장 큰 충격을 받은 이는 고모 이애시였다. 하나밖에 없던 여덟 살 아래 동생이 59세의 이른 나이에 세상을 떠나자 고모는 삶의 의욕을 잃었다. 아버지가 돌아가시고 몇 달 뒤 쓰러진 고모는 1960년 70세의 나이로 세상을 뜰 때까지 일어나지 못했다. 어머니의 '희망원'은 전쟁고아들로 인해 가족이 230여 명까지 늘어난 상태였다. 어머니는 이 아이들을 보살피느라 눈코 뜰 새 없이 바빴다.

이이효재는 1957년 가을 학기부터 서울대학에서 시간강사로 사회심리학을 가르쳤다. 그녀는 미국 실증주의 사회학의 최신 흐름을 공부하고 돌아온 최초의 사회학자였다. 미국 주류사회학의 직수입 이론인 미드(George Hubsert Mead)의 사회화 이론부터 파슨스(Talcott Parsons)와 머튼(Robert Merton)의 구조기능론에 입각한 사회 구조 및 사회 체제에 대해 강의했다. 수업에 임하는 학생들은 진지한 표정으로 미국 사회학 이론 수업을

어머니가 고아원을 운영하며 사시던 진해를 방문해 탑
산을 배경으로 찍은 사진.

들었다. 강신표, 한완상, 김경동, 임희섭, 김진균 등 나
중에 우리나라의 대표적인 사회학자로 성장한 이들이
당시 이이효재의 학생들이었다.

　어느 날, 김진균이라는 학생이 이이효재를 찾아왔다.

　"교수님, 파슨스의 『사회 체제(The Social System)』라는
책을 빌려 보고 싶습니다."

이십 대 초반의 풋풋한 대학생인 그는 특별히 인상적이었다. 사회 이론에 대한 학구적 관심이 매우 높아 학문 연구자가 될 것이라 생각되었다. 예상대로 그는 일생을 실천적 지성으로 연구에 매진했다. 2004년 허망하게 세상을 뜰 때까지 그는 동료 학자이자 민주화 운동의 동지로 이이효재와의 인연을 이어갔다.

1958년, 김활란 이대총장은 사회학과를 개설하고 고황경과 이이효재를 교수로 임용했다. 이이효재는 학생들에게 사회학을 가르치며 사회 민주화를 위한 여성의 의식 변화와 역할을 역설했다.

"한국 사회가 민주 사회로 발전하기 위해서는 여성들이 가정에만 얽매여 살게 아니라, 직업을 갖거나 시민으로서 지역 사회 활동에 참여해야 한다. 경제적으로 남편에 매여 살고, 심리적으로 의존해 사는 것은 진정한 혼인이 아니다. 독립해서 혼자 살 자신이 있는 여자가 진정 평등한 혼인을 할 수 있다."

이런 말을 하면 학생들은 무슨 말인지 알아듣는 것 같지 않았다.

그 당시 이이효재의 민주화 개념은 산업화 도시화가 이루어져야 민주화가 된다는 근대화론에 입각해 있었다. 근대화론에 의하면 근대화에 따라 가족은 핵가족화하고 가족 내 여성의 지위는 자유로워진다는 것이 정설이었다. 실제로 서울은 전쟁을 피해 북에서 내려온 피난민들, 경공업화가 진행되면서 몰려드는 농민들로 도시화가 빠르게 진행되고 있었다. 그녀는 이런 사회 변화 과정에서 도시가족, 그중에서도 여성들에게는 어떤 변화가 있을까 궁금했다. 그래서 우리나라 가족이 산업화와 더불어 어떻게 변화되어가는지 연구하기로 했다.

1958년, 아시아 재단의 기금을 받아 서울시 도시가족 연구를 시작했다. 그 이전까지 몇몇 학자가 가족을 대상으로 제도사적 연구를 진행한 적은 있었다. 하지만 가족을 경험적 연구 대상으로 삼고 사회 조사 방법을 통해 접근한 사람은 그녀가 처음이었다. 그녀는 가족 형태, 가족 관계 및 가족생활에 대한 현상과 변화를 체계적인 조사 방법을 통해 자료를 수집하고 통계적으로 분석하여 실태를 파악하고 해석하기 시작했다.

이듬해부터는 농촌가족 연구도 진행했다. 농촌 가

1960년 7월 19일 여성단체협의회가 주도한 축첩 반대 시위.
ⓒ한국가정법률상담소

정의 여성은 더 전통적일 것이라는 것이 근대화 이론
의 가정이었다. 이이효재는 경상도 구미와 영양, 전라
도 담양 등 농촌 지역으로 사회 조사를 다니면서 태어
나 처음으로 국내 여행을 했다. 식민지 시대를 지나느
라, 또 곧바로 유학을 가는 바람에 삼십 대 중반까지 국
내 여행을 다녀본 적이 없었다. 그녀뿐만 아니라, 이화
대학과 서울대학의 학생들이 합동으로 조사를 진행하
다 보니 청춘남녀 학생들도 즐거워하였다.

도시가족의 경우 가족의 구성, 자녀에 대한 기대, 결혼에 대한 생각이 조금씩 변화하고 있었다. 하지만 전쟁으로 인해 많은 식구가 죽고 헤어지는 경험을 겪으며 가족의 안전과 안정이 여성들에게 가장 큰 관심사가 되어 있었다. 교육 받은 여성들조차 사회 활동을 하겠다는 엄두를 내기 힘들었다. 가부장제의 지표가 될 수 있는 아들 선호 사상, 그것도 친생자에 대한 집착은 대단히 심각했다. 이전 세대와 달라진 점이 없어 보였다.

　1958년 서울의 기혼 여성 287명 중 38.4%가 아들이 없을 경우, 남편에게 첩이라도 얻어주어 아들을 낳겠다고 했다. 이런 태도는 1971년 조사에서도 산업화 속도를 따라가지 못했다. 전국적으로 1,883명의 기혼 여성을 대상으로 한 조사에서 농촌에서는 68%, 서울에서는 25%가 남편에게 첩을 두어서라도 아들을 낳겠다고 했다. 농촌에서 명백하게 가부장제가 더욱 굳건했다.[13]

13 이효재, 『여성과 사회』, 정우사, 1990, 92쪽

이
이효재

1960년 말의 어느 날, 고황경 교수가 이이효재에게 말했다.

"이 교수, 나랑 제대로 된 기독교 여자 대학 하나 만들어봅시다."

고황경은 1930년대 후반 미국에서 유학하고 돌아와 가정과에서 가족과 사회에 대해 강의하다가 사회학과로 옮겨와 있었다. 그녀는 대한 예수교 장로회에서 여자 대학 설립을 추진하고 있다고 얘기했다. 고황경은 김활란이 감리교가 설립한 이화대학을 성공적으로 운영하고 있는 것을 부러워하며 오래 전부터 장로교 여자 대학 설립을 꿈꾸고 있었다.

이이효재는 솔깃했다. 이화대학의 학생들 대부분은 학문이나 직업에 관심이 없었다. 좀 더 나은 결혼 조건을 만들기 위해 진학하는 경우가 대부분이었다. 사회학과의 학생들은 가장 인기가 높았던 영문학과를 못 가서 온 학생이 많았다. 그러니 민주화다, 사회 연구다, 근대화다, 사회심리학의 기능은 이렇다 심각하게 가르쳐 보아도 메아리 없는 외침에 불과한 것처럼 느껴졌다. 게다가 이화대학은 당시 여성 교육의 내실보다는 외형적 성장에 더 열을 올리고 있었다.

1960년 4.19 혁명이 일어났을 때에도 이화대학의 학생들은 고요했다.

"너희들은 신문이라도 읽고 있는 거니? 어떻게 지성인들이 자신이 몸담고 있는 사회에 이렇게 무관심할 수가 있는 거니?"

수업 시간에 학생들을 야단치기도 했다. 같은 세대의 학생들이 민주주의를 외치며 죽어가고 있는데도 침묵하고 있는 제자들을 보며 교육자로서 자괴감까지 느꼈다. 이이효재는 이화대학을 떠나기로 결심했다.

1961년 4월, 고황경을 초대학장으로 서울여자대학이 문을 열었다. 기독교 정신에 입각한 소수 정예 여성 지도자 양성을 목적으로 제시했다. 사회학과, 가정학과, 기독교교육학과, 농촌과학과를 설치하고 첫 신입생으로 98명을 받았다.

이이효재는 기독교 정신에 기반을 둔 개방적이고 민주적인 교육을 통하여 적극적이고 자주적인 여성 활동가를 양성하기 바랐다. 하지만 고황경 학장은 목적과는 완전히 엇나가 여자사관학교를 만들어갔다. 전원 기숙사 생활을 하는 학생들의 생활은 철저하게 정해진 순서에 따라 통제되었다.

길 건너편 육군사관학교의 나팔소리에 맞추어 학생들은 새벽 6시에 기상하고, 7시에 아침식사를 하고, 8시에 전교생 예배를 드린 다음 9시부터 수업을 받았다. 12시에 점심 식사, 13시부터 오후 수업, 18시에 저녁 식사, 밤 21시에 기숙사 방별 기도회, 21시 반에 점호, 다시 밤 22시에 육사의 취침나팔 소리가 울리면 하루 일과가 끝났다.

이이효재는 학생들이 목적의식을 갖고 사회학과에 지원하길 바랐다. 그래서 입시 면접에서 지원자들에게 사회학이라는 학문을 통해 무엇을 탐구하려는지 물었다. 그녀는 학생들이 사회학을 통해 새로운 자각의 기회를 가지고 사회 변혁에 기여하겠다는 사명감을 배우며 학교를 떠나길 원했다. 하지만 그렇게 폐쇄적이고 일방적인 교육 속에서는 자율적이고 독립적인 여성 지도가 양성이 이루어질 수 없었다.

고황경 학장은 시간이 갈수록 새로운 규율을 추가했다. 학생들은 규율을 견디기 힘들어했다. 이이효재는 학교의 정책을 반대하는 학생들과 젊은 교수들 편에 서서 학장에 대해 비판적인 입장을 취했다. 학생들과 젊은 교수들이 이이효재와 가까워지자 학장은 이이효재를 의심의 눈초리로 바라보기 시작했다.

그 당시 대부분의 여학생들에게 대학 교육은 사회 활동을 위한 지식의 습득과 준비가 아니라, 결혼을 위한 준비 과정이었다. 그러니 그런 학생들 앞에서 미국 사회학의 이론을 떠들어대는 것은 헛고생이라는 회의도 생겼다.

'내가 하는 학문이 우리 젊은 학생들에게 그렇게 지겹고 재미없는 것이라면 우리 사회에 맞지 않는다는 뜻이야.'

이이효재는 고민에 빠졌다. 5.16 군사정변 이후 박정희 정권은 반공 이데올로기를 강화시키며 사회를 더욱 억압적으로 만들고 있었다. 어떤 이론과 사상을 가지고 가르쳐야 학생들에게 우리 사회 발전에 대해 스스로 생각하거나 고민하게 할 수 있을지 스스로 해답을 찾아야만 했다.

6. 여성이 먼저 적극적으로 공동체를 만들어야 한다

　　　　　새로운 길은 흔히 새로운 사람과의 만남에서 시작된다.

　'우리처럼 가부장제 전통이 강한 동양의 다른 나라의 가족 혹은 여성들은 어떤 변화를 맞이하고 있을까?'

　서울여대에 재직할 당시, 이이효재의 학문적 질문이었다. 때마침 캘리포니아 대학 버클리 캠퍼스의 볼프람 에버하르트(Wolfram Eberhard) 교수가 한국을 방문했다. 그는 중국 사회를 연구하는 학자로 한국 농촌 사회는 어떤지 조사하러 온 길이었다. 그를 통하여 캘리포니아 대학 버클리 캠퍼스에 중국학 연구센터(Center for Chinese Studies)와 일본학 연구센터(Center for Japanese Studies)가 있다는 사실을 알게 되었다. 개방적이고 민주적인 여자대학에 대한 기대가 실망으로 바뀌어가던 참이어서 그녀는 공부나 더 하기로 마음을 정했다.

1962년, 이이효재는 캘리포니아 대학 버클리 캠퍼스 사회학과에서 연구를 시작했다. 연구가 제대로 진전되면 박사 학위까지 도전해볼 생각이었다. 그 당시 버클리 사회학과는 넬 스멜서(Neil Smelser), 킹슬리 데이비스 등 하버드와 콜롬비아에 있던 구조기능주의 학자들이 옮겨와 황금기를 구가하고 있었기에 더욱 기대가 컸다.

그러나 매카시즘에서 막 벗어난 미국 주류 사회학은 마르크시즘적 전통이나 사회 비판적 요소가 빠진 철저한 경험적 방법론에 입각해 있었다. 그러니 한국 사회를 설명하고 변혁의 이론을 찾던 이이효재에게 해법을 제공해주지 않았다. 고대 중국 전통 사회를 미시적으로 연구하는 에버하르트의 연구도 그녀의 관심과는 거리가 멀었다.

실망으로 기운이 빠질 즈음, 이스라엘에서 온 유학생 친구를 만나면서 뜻하지 않게 새로운 관심사가 생겼다. 어려서부터 성경을 통해 구약 시대 이스라엘 역사에 대

전 세계를 여행하며 여성과 공동체의 삶을 연구하던 젊은 시절의 이이효재.

한 관심이 깊었던 이이효재였다. 그녀는 제2차 세계 대전 이후, 수천 년 동안 전 세계를 떠돌던 유대인들이 구약 시대 조상들의 땅에 새로운 나라를 세우고 새로운 사회 실험을 하고 있음을 듣고 흥분했다.

"여성들이 병역 의무까지 지고 있을 정도로 남녀평등 원칙 아래에서 나라가 운영되고 있어요. 5세에서 14세까지 어린이들의 무상교육이 이루어지고 농촌 지역에서는 여러 형태의 협동농장이 운영되고 있습니다."

'내가 막연히 바라고 그리던 새로운 사회는 바로 그런 곳이 아닐까?'

이이효재는 언젠가 직접 이스라엘에 가서 살펴보리라 결심했다.

그녀는 버클리 캠퍼스에서 뜻하지 않게 사회 변혁 현장을 목격하기도 했다. 버클리는 1960년대 미국 학생 운동이 태동한 중심지였다. 바로 그 장소에서 어느 학생 운동 지도자가 대한민국의 4.19 학생 혁명을 언급하며 행동을 촉구하는 모습을 본 것이다. 집회에 참석한 학생들이 폭발적인 열기로 응답하는 것을 보며 그녀는 자랑스러움에 몸을 떨었다. 1966년, 이이효재는 서울로 돌아온 즉시 이스라엘 대사관을 찾아갔다. 교수라는 직업과 여성이라는 점에 그들은 반색했다. 대사관에서는 이미 해마다 농협과 노총[14]쪽 인사들을 초청하여 자국

14 '한국노동조합총연맹'을 줄여 이르는 말.

의 사회 발전과 이념에 대해 홍보하는 프로그램을 운영하고 있었다.

1966년 초, 이이효재는 3개월 동안 이스라엘을 방문하여 여러 형태의 공동체와 그곳 여성들을 만났다. 당시 이스라엘은 전 세계 곳곳에서 모여든 다양한 문화를 가진 이질적인 국민들을 통합시키는 것이 국가적 과제였다. 유럽에서 평등주의 사상의 세례를 받고 돌아온 여성 개척자들이 남성들과 함께 조국을 재건하겠다는 민족적 과제를 평등하게 분담하고 있었다. 그들은 아랍 및 북유럽 등에서 이주한 교육 수준이 낮고 봉건적인 사고를 가진 여성들을 계몽하기 위해 전력을 다하고 있었다. 공개 강좌에 나오지 않는 여성들을 대상으로 여성단체들은 가정생활 지도반을 조직하여 새롭게 부활시킨 표준 히브리어, 자녀 양육, 가정 관리, 영양, 요리 등의 방문 교육을 실시했다.

도시에서는 생산 조직인 협동조합과 노동조합이 서로 협력하여 사회경제적 민주화를 이루어가고 있었다. 이이효재의 주의를 가장 끈 것은 당시 전인구의 12%를 차지하는 농민들 가운데 80%가 속해 있는 협동촌의 모습이었다. 협동촌에는 세 가지 유형이 있었다. 먼저 집단 농장인 키부츠(Kibbutz), 개인형인 모샤브 오브딤(Moshav Ovdim)과 중간형인 모샤브 시투피(Moshav Shitufi)였다.

협동촌 방문 중 카자흐스탄에서 이주한 주민을 만났다. 그는 이스라엘 정책 중 노후의 사회 보장이 완벽하다는 사실을 가장 큰 장점으로 꼽았다. 그는 이이효재가 한국 출신이라는 말을 듣고는 반색했다.

"아, 내가 살던 카자흐스탄에 이씨, 김씨, 박씨도 많았어요. 그 사람들이 카자흐스탄에서 쌀농사를 시작한 사람들이랍니다."

스탈린에 의해 강제로 이주된 고려인들 이야기였다. 그가 오래된 사진을 꺼내와 보여주었다. 사진 속에 우리의 얼굴들이 박혀 있었다. 해방 전 만주로 피신을 갔던 시절이 다시 떠올랐다. 디아스포라 유대인뿐만 아니라, 우리 민족도 이민족의 횡포로 전 세계 곳곳으로 흩어져 살게 되었다는 생각에 가슴이 아려왔다. 이이효재는 이스라엘에서 각기 상이한 사회 제도에 따라 달라지는 여성들의 역할 및 문제에 대해 비교 관찰할 수 있었다. 이스라엘의 협동촌은 농토 개척을 위해 개인 생활을 희생해야 했던 개척 시대의 불가피한 선택이었다. 그러나 농업이 현대화하고 이들의 생활이 안정되어가면서 여성들의 가슴속에 주부나 어머니 역할만으로는 채워질 수 없는 새로운 사회적 욕구들이 발생하고 있었다. 자아실현을 하고자 하는 욕구들이 상승하고 있었던 것이다. 사회 제도가 여성들을 위하여 해결해야 할 과제는 결국 여성들이 가정생활과 직업 생활을 조화롭게 양립시킬 수 있게 하는 것임을 이이효재는 또다시 깨달았다.[15]

이스라엘 사회의 역동적인 사회 실험은 이이효재에게 더할 수 없는 감동이었다. 그동안 막연히 생각해왔던 것들이 유토피아를 꿈꾸는 몽상이 아니라 현실이 될 수 있음을 보여주고 있었다. 사회의 민주화와 변혁에 기여하는 사회 프로그램, 사회 조직, 새로운 경제 조직

[15] 이효재, 『이스라엘의 여성생활』, 신동아, 1966. 6월호, 244~251쪽

을 형성하는 문제, 남녀가 함께 참여하는 사회 구성 등
이 가능한 일이 될 수 있다는 확신을 얻었다. 안타까운
점은 그 당시만 해도 갑자기 생활 터전을 빼앗긴 팔레
스타인인들의 입장에 대해서는 전혀 생각해보지 못했
다는 사실이다.

이이효재는 이스라엘에서 돌아온 직후, 우리나라의
여성단체들을 조사했다. 단체들의 성격과 교육 프로그
램, 조직 상황에 대해 연구해보고 여성들의 역할과 교
육에 대한 새로운 방향을 찾아보려는 시도였다. 대부분
의 여성단체들은 여성 유명 인사 중심으로 모여 친목
활동이나 국군 위문 활동 등을 행하고 있었다. 정부에
게 인정받을 수 있고, 사회에 명분을 내세울 수 있는 밖
으로부터의 요구에 응하는 활동이었다.

이이효재는 한국YWCA연합회 총회에 강사로 초청
되었다. 그나마 여성단체라 할 만한 유일한 단체였고
황신덕, 이태영, 이희호 등의 영향으로 관심을 가지고
참여하던 단체였다. 이이효재는 이스라엘에 다녀온 뒤
부터 머릿속을 맴돌던 생각을 정리하여 '지역 사회 개
발과 여성의 사회 참여 방향'에 대해 나름의 의견을 피

이
이효재

력했다.

"사회가 점점 전문화해가고 있습니다. 각 여성단체들도 그 활동과 목적을 기능화하고 중복되지 않는 범위에서 긴밀히 연락하고 서로 협조하는 것이 여성 운동의 새로운 길이라고 생각합니다."

그녀는 YWCA가 먼저 시작한 사업일지라도 전문적인 단체가 생기면 양도하고 서로 협력하라고 조언했다. 도심의 본부에서 실시하는 활동을 변두리 지부까지 분산시켜 변두리 지역에 살고 있는 여성들도 수혜자가 될 수 있게 하라고 권고하기도 했다. 고등 교육을 받은 도시 여성들에게는 여성 운동이 취미 활동 차원에 그치지 않고, 더 나아가 모든 여성이 평등권을 자각하고 개인으로서의 자아실현을 위한 지성을 개발할 수 있도록 지원하는 역할을 하라고 요구했다. 그 방안으로 스터디 활동이나 자녀 양육에서 여성들을 해방시킬 탁아소 설치 등을 제안하기도 했는데[16], 당시만 해도 여성들을 위

----

16 「이웃끼리 탁아소 설치」, 매일경제, 1968. 2. 5.

한 강좌나 탁아소 설치 등은 혁신적 주장이었다.

1968년 초까지 이이효재는 여전히 서울여대 사회학과에 적을 두고 있었다. 학교는 변함없이 여자 육군사관학교의 틀에서 벗어나지 못하고 있었다. 학생들에게 억압적 사회 환경을 극복하게 하려는 그녀 나름의 시도는 고황경 학장과의 갈등을 유발했다. 고황경은 이이효재가 자신의 자리를 노리는 것으로 오해했다. 심지어는 학생들을 시켜 수업 시간에 어떤 말을 하는지 염탐할 정도였다. 그녀는 학교를 떠나기로 결심했다.

서울여대를 사직하자마자 곧바로 이화대학에서 연락이 왔다. 사회학과 교수 한 명이 미국으로 이민을 가게 되어 자리가 빈다는 것이었다. 싫다고 떠나왔기에 다시 받아줄 거라는 생각은 하지 않았던 터였다. 그만큼 사회학 전공 교수가 귀한 시절이었다.

이화대학으로 돌아온 뒤, 이이효재는 여성 연구를 본격적으로 시작했다. 이스라엘에 다녀온 뒤 미래지향적인 여성들의 사회 조직 연구에 대한 방향을 좀 더 구체적으로 잡을 수 있었다. 그녀는 김옥길 총장을 찾아갔다.

"총장님, 우리 이화대학은 이 나라 여성들을 이끌어 나가야 하는 학교입니다. 우리 학교가 앞장서서 한국 여성들의 미래지향적 역할에 대해 연구하고 교육할 수 있는 프로그램을 개발하는 연구소를 하나 만들고 싶습니다."

1970년, 김옥길 총장의 지원으로 문리대학 안에 '여성자원개발연구소'를 만들었다. 연구소는 1960~1969년 사이의 이화대학 졸업생 290명을 대상으로 설문 조사를 실시했다. 대부분 30대의 가정주부였고, 직장 생활을 하는 이들은 36.6%였다. 대다수 졸업생들은 자신들의 능력을 발휘하고 있지 못하고 있다고 느끼지만, 무엇을 어떻게 해야 할지는 모른다고 대답했다. 더 나은 사회를 위해, 자녀들의 미래를 위해 여성들이 해야 할 일은 무엇인가 라는 질문에 충실한 어머니 역할로 족하다는 대답도 46.6%나 되었다. 39.3%의 졸업생이 지역 사회 문제 해결에 참여해야 한다고 응답했지만, 0.7%의 여성들만 정치에 적극적으로 참여해야 한다고 말했다. 대학 출신 여성들의 의식도 명백하게 가정생활의 테두리를 벗어나지 못하고 있었던 것이다.

여전히 사회의 주도적인 통념은 '현모양처'였고, 이는 직업을 갖지 않고 가사를 전담하는 전업주부였다. 현모양처 이데올로기는 여성의 낮은 사회적 지위와 노동 시장에서의 성차별을 뒷받침하고 있었다. 기혼 여성을 공식 노동 부문에서 배제시키며 여성의 불평등 고용, 성별 분업을 유도했고, 비공식 부문에서는 불안정 고용을 감수하도록 하였다. 결국 여성은 노동 시장에서 결혼, 임신, 출산 전에 임시로 부릴 수 있는 그런 대상이 되고 있었다.

한쪽에서는 대학 교육 무용론까지 대두되었다. 불평등을 전제로 가정역할에 필요한 실제적인 교양 교육을 더욱 강화하던가, 평등을 전제로 한 인간화 교육을 뒷받침하는 일관된 여성 교육을 실시하는 방향으로 양자택일이 필요한 시점이었다. 명백하게 바람직한 방향은 후자였다. 여성들이 평등하게 사회에 참여할 수 있는 기회를 더욱 확대하고, 여성의 의식과 역할을 사회화하기 위한 능력 개발 교육이 시급했다.

그 무렵 화곡동에 1,000여 세대의 중산층을 위한 문화주택 단지가 조성되었다. 그곳에 사는 주부들은 대부분 고등 교육을 받은 젊은 여성이었다. 이이효재는 그 지역 여성들을 대상으로 사회 실험을 진행해보기로 했다. 고등 교육을 받은 여성들이 관심을 밖으로 돌려서 사회의식을 가지고 사회적인 역할을 하는 것이 자원의 활용이고 세상의 변화에 발을 맞추어나가는 길이라는 신념이 연구를 이끌었다.

여성자원개발연구소에서 김주숙 등 제자들과 더불어 여성들을 교육시키기 위한 책자를 만들었다. 「여성은 지역 사회의 주인이다 – 지역 사회 발전과 여성의 역할」, 「소비자 보호와 구매 클럽」, 「식품의 오염과 피해」, 「협동 유아원 지침」 등의 소책자들이었다.

이는 이스라엘에서 본 마을 공동체 단위의 육아와 소비, 문화 활동 등을 유도해보려는 시도였다. 진정한 민주 사회는 여성들이 지역 사회의 주인으로 참여하고 좀 더 살기 좋은 지역을 만들기 위해 함께 노력하는 사회일 것이다. 이이효재는 유학 시절 미국 여성들이 활발하게 지역 봉사 활동을 하던 모습, 이스라엘 여성들의 적극적인 공동체 활동 모습을 우리 사회에서도 볼 수 있기를 기대했다.

여성들이 가정생활에서 느끼는 문제를 함께 해결하고자 하는 의지를 갖게 하고, 사회 환경 개선에 동참하게 하려는 이론 교육도 이루어졌다. 소비자 보호, 환경 보호, 교육 문제 등 여성을 위한 초보적 의식화 교육이었다. 이를 위해 이이효재는 주민들이 함께 지역 사회 문제를 해결해나가기 위한 '지역사회센터'나 '사회복지관'이 필요하다고 주장했다. 사실 당시로서는 현실화될 수 있을 것 같아 보이지 않았다. 하지만 이제 모든 지방 자치 단체가 이런 기관을 운영하고 있다. 환경에 대한 문제 제기도 우리나라에서 이때 처음 이루어졌다.

2년여 동안 교육을 진행하고 협동 유아원과 어린이 놀이터, 소비자 협동조합 등을 실제로 만들려 할 때였다. 1972년, 대통령 박정희가 '한국적 민주주의'라는 미명 아래 10월 유신을 발표했다. 체육관에 모인 통일주체국민회의[17]에서 대통령을 뽑는 투표가 진행되었고,

··

---

17 1972년에 개정된 이른바 유신 헌법에서 새롭게 설치된 기구로 국민의 직접 선거에 의하여 선출된 2,000인 이상 5,000인 이하의 대의원으로 구성되었다.

박정희가 99.99%의 지지율로 대통령에 당선되었다. 유신 헌법에 의하면 대통령은 국회를 해산할 수 있으나 국회는 대통령을 탄핵할 수 없었다. 법관에 대한 임명권은 모조리 대통령에게 주어졌다. 사회는 더 폭압적인 분위기로 바뀌었고 막 싹이 트려던 여성들의 움직임은 물거품이 되고 말았다.

7. 소외당하는 여성들을 위한 여성 사회학의 설립

　　이이효재는 우리 사회를 설명하고 진단하며 변화의 방향을 제시할 수 있는 자신만의 사회학을 간절히 원했다. 하지만 여전히 미국의 주류 사회학을 가르치고, 그 방법론으로 가족과 여성을 연구하고 있었다.

　　때마침 미국에서는 흑인들의 대규모 인권 운동과 더불어 흑인 사회학이 대두했다. 그녀가 유학했던 앨라배마의 투스칼루사는 미국 남부 도시로 주립대학 2만 명 학생 가운데 흑인이 한 명도 없을 만큼 흑백 차별이 극심한 곳이었다. 이이효재가 처음 유학할 당시에는 새로운 사회에 적응하며 부족한 언어 실력으로 공부하느라 흑인들에게 관심을 기울일 여유가 없었다. 그

러나 몇십 년의 시간이 흐른 지금은 상황이 달랐다. 이
이효재는 자신이 그때 세상에 얼마나 무심했었는지 깨
닫고 흑인들에게 미안함을 느꼈다. 이제라도 흑인들의
인권 운동과 그 이론적 기반인 흑인 사회학의 흐름을
알고 싶었다.

1974년, 이이효재는 풀브라이트 장학금을 신청하여
테네시주 내슈빌에 있는 피스크 대학의 객원 교수 자격
을 얻었다. 흑인 인권 운동의 산실인 내슈빌에서 흑인
가족과 여성들을 연구하겠다는 포부를 안고 그곳으로
날아갔다.

"인종 차별을 정당화시키고 강화시켜왔던 지금까지
의 사회학은 백인 사회학이었다. 백인 사회학은 인종
차별의 사회학이고 흑인 사회학은 인종 해방을 위한 사
회학이다."

흑인 사회학의 주장이었다. 특히 흑인 사회학자가 흑
백 어린이들을 대상으로 한 실험 결과는 매우 흥미로웠
다. 흑인 아이들에게 흑인 인형과 백인 인형을 보여주
며 어떤 인형이 예쁘냐고 물었더니 대부분의 흑인 아이
들이 백인 인형이 더 예쁘다고 답했던 것이다. 이처럼

흑인들은 어려서부터 백인이 우월하다는 고정 관념을 내면화하고 있었다.

이이효재의 생각에는 우리나라도 다르지 않았다. 우리나라 아이들에게 한복을 입은 우리나라 아이 인형과 드레스를 입은 백인 아이 인형을 보여주면 대부분 백인 인형이 더 예쁘다 할 것이었다. 전쟁 이후 미국에 대한 숭배가 도를 넘고 있었다.

이이효재가 그곳에 머물던 중에 미국의 시민권 운동 지도자인 제시 잭슨(Jesse Jackson) 목사가 피스크 대학을 방문했다.

"우리는 그동안 백인 언론 속에서 계속 위축되어 왔습니다. 마치 우리 얼굴을 보는 거울 속에서 우리 얼굴과 다른 낯선 얼굴을 보아온 것과 같습니다. …(중략)… 흑인들은 흑인들만의 은행을 설립해야 합니다. 직업의 안정성을 높여야 하고, 고용을 늘리며, 노동자들의 연대를 강화할 필요가 있습니다."

세상에 태어나 그런 열기는 처음이었다. 그의 연설에 폭풍처럼 환호하고 열광하는 군중들을 바라보며 이이효재는 강력한 깨달음을 얻었다.

'우리 사회의 바람과 욕구, 우리가 형성해온 관습, 역사에 뿌리박은 사회학, 실천을 위한 사회학을 해야 한다.'

그전까지 이이효재는 사회의 민주화를 위한 여성의 역할과 공동체적인 사회 개혁을 구상하고 있었다. 그러나 흑인 사회학의 세례를 받고난 뒤에는 우리 민족 문제, 즉 통일 문제와 사회학을 연결할 수 있게 되었다. 자연스럽게 여성의 입장에서 분단 문제, 즉 분단 가족 문제를 보게 되었다. 때마침 분단을 소재로 한 소설들이 쏟아져 나오고 있었다. 소설은 실제 이야기에 기반을 두고 있었다. 이이효재는 소설을 읽으며 분단으로 인해 고통 받는 여성들의 한을 더욱 절절이 느꼈다. 정권은 분단을 이용하여 반정부 세력을 빨갱이로 몰아서 탄압하는 것으로 독재를 유지하고 있었다. 이 독재 정권은 여성들에 대한 차별도 강화시키고 있었다. 마침내 이 시대 여성 운동의 과제는 궁극적으로 평화 통일을 성취하는 것이 되어야 한다는 생각에 이르렀다.

1970년은 미국 여성들에게 참정권을 부여한 미국 수

정 헌법 제19조가 발효된 지 50주년이 되는 해였다. 민권 운동이었던 초기 여성 운동은 법적인 남녀동등권이 보장되자 반세기 동안 소강상태에 있었다. 시간이 지날수록 여성들은 법적인 동등권이 진정한 평등을 가져오지 못했음을 깨달았다. 이해에 미국 각 도시에서는 수천 명의 여성들이 여성 평등 쟁취 시위를 벌였다. 사회 구조적, 문화 속 여성 차별에 대한 미국 여성들의 분노가 끓어오른 것이었다. 이후 해마다 여권 집회와 시위가 증가하면서 1975년에는 절정에 달하여 미국 전역에서 300개 이상의 페미니즘 행사가 치러졌다.[18] 참정권을 획득하기까지의 1차 여성 해방 운동에 이은 2차 여성 해방 운동의 물결이었다.

미국 여성 운동의 영향이 유럽을 비롯한 세계 각국으로 퍼져 나갔다. 유엔(UN)은 1975년을 '세계여성의 해'로 정했다. '평등, 발전, 평화'의 기치를 내걸고, 1976년부터 1985년까지의 10년을 '세계여성 10년'으로 제정

18 사라 M. 에번스, 『자유를 위한 탄생 - 미국 여성의 역사』, 이화여자대학교출판문화원, 1998, 437쪽

이
이효재

했다.

이이효재가 세계적인 여성 운동의 흐름을 생생하게 목격하는 기회는 의도치 않게 주어졌다. 1975년, 보사부[19] 여성국장이 멕시코 세계여성대회에 한국 대표로 참석해달라고 부탁했다. 가족과 여성을 연구하고, YWCA 등 여성단체에서 강연을 하고 있기 때문인 듯했다. 이이효재는 정부 앞잡이들이나 가는 회의일 거라 단정하고 가지 않겠다고 말했다. 그런데 자신을 믿고 지지해준 이화대학 김옥길 총장이 다녀오라고 권유하는 바람에 짐을 싸게 되었다.

1975년 6월, 이이효재는 다른 네 명의 여성들과 함께 멕시코시티에서 열린 세계여성대회에 참가했다. 97개국의 대표 989명이 참가한 이 대회에서 여성의 지위 향상을 위한 10년간의 '세계행동계획'이 채택되었다. 제3세계 비동맹권 여성들의 입장에서 채택된 '멕시코 여성선언'도 나왔다. 제3세계의 입장은 공산주의나 자본주

••

19 보건 위생, 방역, 구호, 부녀, 아동과 가족계획에 관한 사무를 맡아 보던 행정 각부의 하나. 지금은 보건 복지부로 명칭이 바뀌었다.

대한민국
여성 운동의
살아 있는 역사

1970년대 어느 날, 제3세계 신학자 모임에서 대화를 나누는 이이효재의
모습.

의 사상을 막론하고 강대국이 약소국에 간섭하거나 주
권을 침해하려는 모든 형태의 외세를 배격하며 민족 해
방과 국가의 자주성을 지켜야 한다는 것이었다.

  '멕시코 여성 선언'은 여성들이 세계 평화를 확보하
고 유지하는 데 참여할 수 있으려면, 여성들이 평등한
지위를 충분히 누리는 데 방해가 되는 모든 요인을 제
거해야만 한다고 강조했다. 그러기 위해서는 각국 정부
가 사회 제도를 개혁하는 과감한 정책을 수립하여 여

이
이효재

성들이 참여하고 기여할 수 있도록 해야 한다고 주장하였다.

이이효재는 이 대회에 참가하면서 서구에서 논의되는 여성 해방의 흐름을 파악할 수 있었다. 여성의 진정한 해방이 이루어지기 위해서는 국제 질서가 바뀌어야 한다는 제3세계적인 시각도 갖게 되었다. "국제적 협력과 평화는 국민의 존엄성과 그들의 자주적 결정권을 인정해야 하며, 식민주의와 타국에 의한 점령이 사라진 새로운 국제 관계가 이루어져야 가능하다"는 주장을 들으며 우리의 분단 상황을 깊이 생각하게 되었다.

안타까웠던 점은 우리 대표단이 같은 대회에 참가한 북한 여성들을 견제하는 꼴사나운 행동을 보였다는 사실이다. 북한에서는 허정숙을 단장으로 30여 명의 여성들이 울긋불긋 화려한 색깔의 한복을 차려 입고 참석했다. 당시 북한과 멕시코는 제3세계 비동맹 그룹에 속해 사이가 좋았다.

"아, 옷감이 좋으시군요. 색깔이 참 예뻐요."

이이효재는 외국에서 동포들을 만나자 반가운 마음에 친밀감을 표시하려 말을 걸었다. 그러자 우리 대표단으로 동행했던 이들이 이이효재를 타박했다. 북한 여성들 또한 이상하다는 듯이 이이효재를 훑어보았다. 우리 측 단장은 만찬장에 자리를 잡으면서도 통로 쪽에 앉아 북한 대표들이 지나갈 때 쩨려보는 시위를 하자고 했다.

대한민국을 대표하는 기조연설문 작성이 이이효재에게 맡겨졌다. 그는 여성들의 항일 운동을 언급하며 분단 시대에 우리 여성들이 더 적극적으로 사회 문제에 참여할 것을 촉구했다. 그러나 외교부 참사관이 연설문을 검토하더니 말했다.

"한일 협정이 체결되었는데 항일 운동 역사를 거론하는 반일본적 내용은 안 됩니다. 그러니 다시 작성하십시오."

그 뒤 참사관은 이이효재가 질문을 하거나 토론에 참여하려는 것을 막았다. 그는 비동맹 그룹의 별도 성명서가 채택될 때, 우리 대표단에게 찬성도 반대도 하지 말고 기권하라는 압력을 넣었다.

'통일이 되기 전에는 절대 이런 대회에 다시 오지 말아야지.'

이이효재는 결심했다. 출국할 때는 공항에서 멕시코 이민국 직원이 그녀의 여권을 보며 비아냥거리기도 했다.

"From South Korea? Colony of US?"

개인적으로 불쾌한 일들이 있었지만, 결과적으로 멕시코 세계여성대회는 전 세계에 왜 남녀평등이 이루어져야 하는지 생각하게 했고, 평등을 요구하는 여성 운동의 물결을 전 세계로 파급시켰다. 이이효재는 대회에서 돌아오면서 생각했다.

'한국 여성에 대한 문제의식을 인류 보편적인 입장에 비추어 이해하고, 우리 여성 운동의 방향을 국제적 시야에서 조명해보아야 할 때가 왔다.'

멕시코 세계여성대회에서 돌아온 뒤, 이화대학에 여성학을 연구하기 위한 교과과정개발위원회가 결성되었다. 이이효재는 이화대학의 여성 교양 관련 커리큘럼을 검토한 뒤, 학습 내용이 여성으로서 가정과 직장에서의 처신, 예의 등에 머물러 있어 시대에 맞지 않는다는 결론을 내렸다.

여성학에 관련된 새로운 교과과정으로 개편하기 위해 현영학, 이남덕, 정세화, 이이효재 교수 이름으로 학교에 여성학 연구를 위한 자금 지원을 요청했다. 또한 여성자원개발연구소를 본격적인 여성연구소로 개편하기로 계획했다. 이태영 박사가 이화대학 법정대학 학장으로 재직할 때 여성연구소 설립을 시도했으나 학교 측의 동의를 받지 못한 적이 있었다. 야당 정치인의 아내인 데다가 정부가 반대하는 가족법 개정 운동에 매진하는 이태영의 활동을 학교 측에서 부담스러워했기 때문이었다.

그 무렵, 이이효재에게 강원룡 목사가 크리스천 아카데미에서 함께 여성 교육을 하자고 제안했다. 그녀는 "여성 문제는 여성들이 주관하여 해야 하니 나는 가지 않겠다"며 사양했다. 동시에 그녀는 아주 발랄한 상상을 했다. 여성 교육을 생각할 만큼 양심적 지성인인 강원룡 목사가 백낙청, 이영희 같은 이들과 더불어 "지난 수천 년 동안 여성들을 억압해온 한국 남성들의 죄를 참회하며 앞으로 여성 인권 향상을 위해 앞장서겠습니다" 하고 고개 숙이는 모습을.

그 당시 이이효재는 여성 노동 운동을 돕는 조화순 목사와 전태일의 어머니 이소선 여사에게 도움을 주고 있었다. 이이효재의 제자들 중 여성 노동 운동 현장을 쫓아다니고 그들을 돕는 이들이 있었다. 당연히 학교 측에서는 이들을 못마땅하게 여겼다. 여성 노동 운동 현장을 쫓아다니고 그들을 위해 모금 운동을 벌이는 이이효재와 제자들을 학교 측에서는 못마땅하게 여겼다. 여성자원개발연구소에서는 동일방직의 여성 노동 운동에 고무받아 일어났던 컨트롤데이터나 원풍모방의 여성 노동자들, 서울 시내버스 여승무원들의 노동 실태 조사 등을 실시했다. 이런 연구 방향도 정부의 주시를 받았고 학교 쪽에서는 이를 불편하게 여겼다. 결국 학교 당국은 여성자원개발연구소를 여성연구소로 개편하면서 이이효재와 제자 김주숙, 지은희 등을 배제시켰다.

연구소에서 배제되었지만 세계 각지에서 활발하게 진행되던 여성 해방 운동의 물결은 우리나라 최고 여성 교육기관이라 자부하던 이화대학이 여성학을 수용하도록 만들었다. 그리고 그 중심에 여성학의 방향을 선도하는 이이효재가 있었다.

'여성 해방 운동의 역사와 논의되는 이론들을 살펴보고 우리 사회에 알맞은 여성 운동의 이론을 만들어나가야 한다. 한국의 여성 운동은 한국적 역사 현실과 민족의식 속에서 정립해나가야 한다. 동시에 인간 해방과 세계 평화를 추구하는 국제 여성 운동의 발전에 기여할 수 있는 차원으로 진취적인 성격을 갖추어야 한다.'

이런 입장에서 이이효재는 서구의 여성 해방 이론과 제3세계와 한국 여성 운동에 대한 논의를 살펴보고 정리한 『여성 해방의 이론과 현실』이라는 책을 엮어 출판했다. 1977년 가을부터 이이효재는 서광선, 정의숙, 윤후정, 정세화 등 여러 교수가 함께 참여하는 교양 과목 '여성 사회학' 강의를 시작했다. 이 강좌의 개설과 더불어 사회 구조적인 시각에서 여성 문제를 보기 시작하였다. 실천을 지향하고, 학생들의 행동을 유도한다는 목표로 일주일에 두 차례 강의와 한 차례의 토론 수업으로 진행했다.

이 강의는 학생들 사이에서 엄청난 인기를 끌어 수백 명이 수강을 신청할 정도였다. 제자 이미경이 이 프로그램 개발에 참여하면서 친구들을 조교로 불러들였다.

당시 조교로 참여했던 지은희, 이옥경, 장하진, 이경숙, 김상희, 이계경 등은 훗날 한국 여성계의 지도자로 성장했다. 이이효재는 당시 활발하게 진행되던 가족법 개정 운동과 결부하여 한국의 가부장제와 사회 현실을 비판하는 수업을 진행했다.

"여성 해방은 남성과의 관계에서 완전히 독립하고 벗어나는 것을 의미하지는 않는다. 여성도 사회인으로서 결혼, 가정, 또는 사회생활에서 벗어날 수 없는 한, 그 관계에서 떠날 수 없다.

여성의 인간화는 이 속에서 모색되고 실현되어야 한다. 해방의 뜻은 여성에 대한 고정된 관념과 제도적인 역할이나 이에 따라 구속되어온 인간관계로부터의 해방을 의미할 뿐이다. 그것은 제한된 낡은 것에서의 해방과 더불어 새로운 관계의 재형성이다. 이것은 물론 여성에게 국한된 문제가 아니며 남성과 함께 노력하고 성취해야 할 과업이다.

다만 지금까지 수동적으로 소극적으로 행동하며 살아온 여성들이 자발적으로 이것을 의식하고 더욱 능동적으로 대처해야 하는 면이 있기 때문에 여성 해방 운동이 필요하다. 또한 새로운 가능성을 모색하는 여성들의 능동적인 몸부림이 집단적인 형태로 나타나는 것이 바로 해방 운동이다."

이이효재의 주장이었다. 그는 여성 노동자들의 정당한 요구를 공산주의자들의 사주로 몰아붙이는 정부에 비판적일 수밖에 없었다. 사회 밑바닥에 깔려서 저임금을 받으며 최저 생활도 유지할 수 없는 여성 노동자들의 해방 없이는 남녀평등도 사회 민주화도 없을 것이었다. 자연스럽게 이이효재와 제자들의 연구도 역사 속의 여성 노동자 운동, 가족법 등 정부가 싫어하고 반대하는 주제로 옮겨갔다. 이 시기에 제자 장하진의 자료 도움을 받아가며 일제 강점기 한국 여성 노동 문제 연구도 진행했다.

"우리가 대학생들에게만 여성학을 강의할 게 아니라 여성 노동자들에게도 여성학 강의 혜택을 받을 수 있게 하면 어떨까요? 여성 노동자들에게 이화대학 문턱을 넘을 기회를 주는 것이지요."

이미경의 제안으로 독일교회재단으로부터 기금을 확보하여 여성 노동자들과 여성 농민을 위한 야간 수업

과정을 개설하였다. 그리하여 공순이[20]라며 멸시받던 여성 노동자들이 이화대학에 와서 강의를 들을 수 있었다. 그들은 일주일 내내 그날만을 기다렸다.

여성 농민들도 이화대학 문턱을 넘었다. 여성 농민들에게 통장 갖기 운동, 농협 조합원 가입 운동을 펼치기도 하였다. 이처럼 프로그램에 참여한 여성 농민들은 경제적 주체로 서는 경험을 갖게 되었다. 마침내 교양 과정으로 시작한 여성 사회학 강의가 기반이 되어 1981년 이화대학 대학원에 여성학과가 신설되었다.

그러나 이런 작은 시도들은 정권의 미움을 샀다. 독재 정권은 여성 사회학 강의가 학생들을 선동한다며 못마땅하게 여겼다. 그리고 여성 노동자, 여성 농민을 상대로 한 여린 변화의 싹들은 1980년 신군부[21]의 등장과

••

20 여성 노동자들을 비하하여 부르던 용어. 이 언어에도 남녀 차별이 작동하여 남성 노동자들을 일컫던 공돌이보다 더 사회적 푸대접과 폭력을 당했다.

21 '신군부'라는 말은 12·12 군사 반란을 일으킨 하나회와 함께 쿠데타에 참여한 장성들을 박정희 대통령 시대의 군부와 구분하기 위해 붙여진 것이다. 박정희 대통령 사망 직후 전두환을 중심으로 한 하나회 구성원들은 12·12 군사 반란, 5·18 광주 민주화 운동을 진압하는 다단계 쿠데타를 일으켜 정치권력을 장악했다.

함께 들이닥친 군부 독재의 군홧발에 짓밟히고 말았다. 이화대학 교수였던 이이효재도, 여성연구소의 연구원으로 있던 이미경도 해고되었다.

8. 독재라는 야만의 시대를
온몸으로 맞서며

　　1972년, 박정희는 대통령 종신제를 기본으로 하는 유신 헌법을 발표하고 공포 분위기 속에서 국민 투표를 실시했다. 대대적인 부정 선거 속에서 91.9%의 투표율과 91.5%의 찬성으로 유신 헌법은 통과되었다. 유신 헌법에 따라 대통령은 통일주체국민회의에서 간접 선거로 선출하게 되었다. 대통령은 국회를 해산할 수 있으나 국회는 대통령을 탄핵할 수 없었고, 각급 법관에 대한 임명권은 모조리 대통령에 주어져 사법부가 행정부에 종속되었다.

　입법부의 경우, 전국 73개 지역구에서 2인의 국회의원을 뽑는 중선거구제로 바뀌어 나눠 먹기식 제도가 되었다. 비례 대표 제도가 없어졌고 대통령이 추천한 통일주체국민회의 대의원들이 국회의원 정족수의 3분의 1인 73명을 선출하게 되었다. 대통령이 자기 마음대로 임명하는 새로운 전국구 제도였다.

최고의 지성인이라는 대학교수들이 이런 상황을 속수무책으로 받아들여야 했으니 부끄러움과 비애가 켜켜이 쌓여가는 시대였다. 정부는 교수들에게 학생들의 동태를 파악하고 감시하는 역할을 강요했다. 학생과 스승 간의 신뢰는 사라졌고, 서울대에서 시위하던 학생들이 교수들에게 돌을 던지는 사태에까지 이르렀다.

반독재 민주화 운동의 중심 세력인 대학생들을 지지하고 지원하는 소수의 용기 있는 교수들은 정권에게 있어 눈에 든 가시였다. 정부는 그런 교수들을 대학에서 쫓아내려고 야단이었다. 그럴수록 양심적인 교수들의 고뇌는 깊어졌고 더 이상 침묵할 수 없다는 절박감도 생겨났다.

1978년 6월 27일, 드디어 양심적인 교수들은 《우리의 교육 지표》를 발표했다.

정의롭고 정의로운 사회, 한마디로 인간다운 사회는 아직도 우리 현실에서 한갓 꿈에 머물고 있다. 따라서 이러한 현실을 바로잡고 그것을 개선할 힘을 기르는 일이야말로 인간다운 인간을 교육하는 길이다. … (중략) … 대학인으로서 우리의 양심과 양식에 비추어 볼 때 오늘날 교육의 실패는 교육계 안팎의 모든 국민으로 하여금 자발적 일치를 이룩할 수 있게 하는 민주주의에 우리 교육이 뿌리박지 못한 데서 온 것이다. 국민 교육 헌장[22]은 바로 그러한 실패를 집약한 본보기인 바, 행정부의 독단적 추진에 의한 그 제정 경위 및 선포 절차 자체가 민주교육의 근본정신에 어긋나며 일제하의 교육 칙어[23]를 연상케 한다. 뿐만 아니라 그 속에 강조되고 있는 형태의 애국애족 교육도 그냥 지나칠 수 없는 문제를 안고

••

[22] 1968년 12월 5일에 제정된 국민 교육 헌장은 1970년대 교육 이념의 좌표로 박정희는 국민 교육 헌장 선포 담화문에서 "국민 윤리의 기둥이며, 교육적 지표인 이 헌장으로 정신 개혁을 이룩하고 실천하여 생산적인 행동 규범으로 승화시킬 것"을 강조했다.

[23] 1890년 10월에 메이지 천황의 명령으로 발표된 일본 제국 신민들의 수신과 도덕에 대한 지침으로 1948년에 폐기되었다.

대한민국
여성 운동의
살아 있는 역사

있다. 지난날의 세계 역사 속에서 한때 흥하는 듯하다가 망해 버린 국가주의 교육 사상을 짙게 풍기고 있는 것이다. 부국강병과 낡은 권위주의 문화에서 조상의 빛난 얼을 찾는 것은 잘못이며, 민주주의에 굳건히 바탕을 두지 않은 민족중흥의 구호는 전체주의와 복고주의의 도구로 떨어질 위험이 있다. 또 능률과 실질을 숭상한다는 것이 공리주의와 권력에의 순응을 조장하고 정의로운 인간과 사회를 위한 용기를 소홀히 하는 결과가 되어서는 안 된다. 민주주의 교육이 선행되지 않은 애국애족 교육은 진정한 안보에도 도움이 되지 않는다. 민주주의의 실천이 결핍된 채 민주주의보다 반공만을 앞세운 나라는 다 공산주의 앞에 패배한 역사를 우리는 알고 있지 않은가?

———————————————————

이 성명서는 연세대에서 해직된 성내운 교수와 전남대 송기숙 교수가 작성하고, 전남 지역과 서울의 교수들이 서명하여 발표하기로 되어 있었다. 그런데 서울에서는 유일하게 이이효재만 서명하고 나서 정권에 의해 발각이 나고 말았다.

교육 지표 사건은 그동안 신성시되어온 국민 교육 헌장을 공개적으로 정면 비판하면서 한국 교육 현실의 부당함을 폭로한 것이었다. 국민 교육 헌장은 1968년에 발표된 독재 정권의 교육 지침으로 초등학생 때부터 암기하고 매일 낭송을 강요하고 있었다. 국민 교육 헌장에 대한 비판은 곧 박정희 유신 독재에 대한 전면적인 부정이고 비판이었다. 이 선언은 대학 내 교수들의 조직적인 연대 속에서 일어난 박정희 유신 독재에 대한 최초의 저항으로 충격적인 사건이었다.

성내운 교수와 송기숙 교수가 긴급 조치 9호 위반으로 구속되었고, 서명한 전남대의 11명의 교수들은 모두 해직되었다. 이이효재는 중앙정보부로 연행되었다. 겁나거나 무섭지는 않았다. 다만 슬펐을 뿐이었다. 저녁 내내 잠을 재우지 않고 사상을 검증하는 심문이 계속되었다.

"나는 민주주의자요. 민주주의는 주권 재민의 사상이지 않습니까? 국민의 입장에서 비판할 자유는 있는 것이지요."

옆방에서도 누군가를 계속 채근하는 소리가 들렸다.

그 누군가가 진보적인 역사학자 강만길 교수였음은 나중에야 알게 되었다. 독재 정권의 사찰 정도에 깜짝 놀라기도 했다. 그들은 조화순 목사의 도시산업선교회에 이이효재가 그동안 냈던 성금 액수와 날짜까지 세세한 기록을 갖고 있었다. 두 교수의 구속으로 사건을 마무리짓기로 했는지 아니면 관련자들 중 유일한 여성 교수를 구속하기가 부담스러웠던지 이이효재는 그 다음 날 오후에 풀려났다.

일제 강점기에는 그저 이민족에게서 벗어나기만 하면 모든 게 잘될 거라 믿었건만 해방 후에도 민족이 반쪽으로 나뉘어 서로 못 죽여 안달이었다. 반쪽에서만이라도 평화롭게 오순도순 살면서 나머지 반쪽과 하나 되려는 노력을 기울이면 얼마나 좋을까 싶었다. 잘못된 지도자를 만나 모두가 고생이었다. 가난한 이들에게 힘이 되어주어야 할 권력은 가난한 이들을 더 가난하게 만들고 있었다.

이이효재는 자신에게 어떤 고난이 닥친다 해도 헐벗고 가난한 이웃들, 그들 중에서도 여성이라는 이유로 더 낮아진 이들을 외면할 수 없었다. 그는 평소에 주장이 강하거나, 나서서 선동하는 능력이 전혀 없었다. 그저 용기를 내야 할 때는 물러서지 않을 뿐이었다. 교육은 차별을 없애고, 구속을 없애고, 인간들 사이의 사랑과 자비를 높이는 방향으로 바뀌어야 한다는 그녀의 신념은 어떤 일이 있어도 버릴 수 없는 삶의 보루였다.

1979년, 마침내 독재자 박정희가 부하의 총에 맞아 세상을 뜨면서 독재가 종말을 고하고 모두가 오랫동안 염원했던 민주화가 오는 줄 알았다. 그런데 전두환 일파가 군권을 장악하고 중앙정보부장 서리로 겸임하는 등 권력이 그에게 집중되고 있었다. 송건호, 유인호 등 지식인들은 신군부를 비롯한 유신 세력이 권력을 장악하지 못하도록 막아야 한다는 데 뜻을 모았다. 군인들은 제자리로 물러가고 민주화가 이루어져야 함을 주장하는 '지식인 선언'을 하기로 결정했다.

여성들에게서 서명을 받는 역할은 이이효재에게 맡겨졌다. 선언문을 들고 이화대학 교수들에게 서명을 받으러 다녔다. 기꺼이 서명을 해준 이는 이이효재의 오랜 친구이자 이화대학의 동료 교수인 윤정옥과 이남덕 교수, 중앙일보 기자로 일하다 출판업을 시작한 정우사의 서제숙 대표였다.

이 무렵 이이효재는 민주화 운동으로 연세대에서 해직된 서남동 교수로부터 '민주제도연구소'를 만들어보자는 제의를 받았다. 고려대학의 이문영 교수를 연구소장으로 문화 분야는 백낙청 교수, 종교 분야는 박형규 목사, 여성 담당은 이이효재가 맡아서 연구해보기로 하였다.

1980년, 전두환 일당은 그동안 반독재 민주화 운동에 앞장섰던 재야인사들과 김대중을 한데 엮어 김대중 내란 음모 사건을 조작했다. 민주화 운동 세력과 그들로부터 가장 지지를 받는 유력한 정치인 김대중을 제거하기 위한 신군부의 음모였다. 김대중에게는 '광주 사태'를 배후에서 조종해 내란 음모를 획책했으며 국가 보안법상 반국가단체의 수괴로 활동했다는 누명이 씌워졌다. 구성을 논의했을 뿐이었던 민주제도연구소는 신군부에 의해 "빨갱이 김대중 혁명 조직의 지식인 하부 조직"으로 둔갑하였다. 그들의 각본에 의하면 사회주의 혁명으로 권력을 잡은 뒤 세워질 정부 조직에서 이이효재는 여성부 장관이었다. 아이러니하게도 그로부터 18년 뒤, 김대중이 대통령으로 당선되고 정부 조직에 여성부가 생겼다. 그리고 한명숙, 지은희, 장하진 등 이이효재의 제자들이 대를 이어 여성부 장관이 되었다.

언론계에 인맥이 넓은 서제숙이 이이효재에게 구속되지 않으려면 빨리 피해야 한다고 연락했다. 아무런 죄도 없는데 왜 피하느냐고 고집하다가 어찌나 다급하게 떠미는지 결국 피하기로 결정했다.

그 뒤 압구정동에 살던 사촌 동생의 집에서 '하와이에서 온 할머니'로 몇 달 동안 살게 되었다. 나중에 생각해보니 신군부의 민주화 운동 세력 죽이기 각본에 자신이 미국 교포 통일 운동 그룹과 연결 고리가 되었을 가능성도 있었다. 김대중 내란 음모 사건 기소장에는 김대중이 일본에 있다가 미국으로 건너가 로광욱을 만나서 북한과 연결을 시도했다고 되어 있었다.

미국에 정착해 살던 동생 효숙의 남편 로광욱은 평안남도 진남포 출신으로 누구보다도 통일에 대한 염원이 강했다.

"한반도에서 운명적으로 생을 타고난 주민들인 남북

이 평화적으로 문제를 푸는 것밖에 우리 문제 해결책은 없지요."

평소 그의 지론이었다. 로광욱은 치과의사가 생업이었지만 윤이상이 "대중에게 다가가는 건강한 곡을 쓰는 분이라 존경한다"고 했던 작곡가이자 성악가이기도 했다. 그는 미국 교포 통일 운동의 중심인물로 평양에서는 "남조선을 드나드는 첩자"라 매도당했고, 남한에서는 "북한을 드나드는 첩자"로 낙인찍혀 입국이 거부되었다. 2001년에야 수십 년 만에 고국을 방문할 수 있었다.

이이효재는 1979년에 학회 참석 차 유럽에 갔다가 미국으로 건너가 동생 효숙을 방문하고 귀국한 적이 있었다. 오랜만에 동생 가족을 만나러 간 것이었지만 각본을 쓰는 그들에게는 너무나도 좋은 소재가 될 만했다. 이이효재가 수배되었으니 학교에서는 해직시키기에 충분한 구실이 되었다. 결국 민주화 운동과 관련하여 해직된 유일한 여자 교수가 되었다.

9. 분단 시대의 사회학을 찾아서

학교에서 해직되어 가르칠 수는 없었으나 공부하고 연구하는 일을 멈출 수는 없었다. 이이효재에게 학문의 방향은 어린 시절 어머니를 찾아오는 길 잃은 여성들을 보며 '왜 저렇게 힘든 여성들이 많을까?' 하는 의문에서 시작되었다. 그리고 여전히 이 땅의 여성들은 사회적 차별에 심하게 고통 받고 있었다.

가부장제에 의한 여성 차별에 더하여 이이효재의 사회학에 또 다른 변수가 도입되었다. 바로 분단이었다. 군부 독재 세력은 정권을 유지하기 위해 분단에 따른 엄중한 상황을 그 논리로 사용했다. 이렇게 폭압적인 분단 상황이 지속되면서 이산가족뿐만 아니라 일반 시민들도 말로 표현할 수 없는 고통을 당하고 있었다. 한국에 대해 아무것도 모르는 사람조차도 분단된 상황은 알고 있었다.

이이효재는 해외에서 교포를 만나도 스스로 방어적이 되는 자신을 발견했다. 상대방이 북쪽 출신이라고 하면 한편으로는 기대감이 일기도 했다. 혹시 아버지의 고향 출신은 아닐까, 자신이 다녔던 학교가 있던 원산 출신은 아닐까 하는 궁금증 때문이었다. 그러다 곧 혹시나 사상을 의심받는 일이 생겨 귀국 후 곤란을 겪지 않을까 하는 조바심에 입을 다물곤 했다. 이처럼 이이효재에게도 분단은 심한 압박으로 다가왔다. 게다가 가족의 민주화, 남녀가 평등한 사회를 추구하며 연구자로서 양심적으로 살아갈 길을 찾았을 뿐인데 빨갱이라는 누명을 쓰고 학교에서 쫓겨나 있었다.

남북 분단은 역사적 사건에만 그치는 것이 아니라 공동체적 삶 자체를 위협하는 구조적 요인이었다. 하지만 사회를 연구하는 이론적·분석적 학자들은 이를 인식하거나 문제 삼지 않았다. 현실을 피상적으로 파악하는 사회 조사에 역점을 두고 연구하는 그들에게 분단은 일

이
이효재

시적인 역사적 사실, 즉 일회적으로 지나가버린 사실에 불과했다. 관찰과 면접으로 이루어지는 사회 조사에서는 분단으로 야기된 개인적·사회적 관계를 전혀 반영하지 않았다.

이이효재는 분단이 미친 사회 구조적 현실이 각 사회 분야의 연구를 위해 어떻게 이론화되고 개념화되어야 할 것인가 고민했다. 이를 해결하는 게 이 시대 사회학의 중요한 과제라고 받아들였다. 이런 관점을 갖지 못할 때 이 땅에 뿌리를 내린 연구자가 아니라 마치 다른 행성에서 온 관찰자와 같아질 것이었다.

국토 분단은 우리에게 두 개의 대립적인 사상을 강요하였고, 활동의 공간을 제한하였으며 인간관계의 단절과 분열을 가져왔다. 정부는 반공을 '국시'로 천명하였고, 사회 체제를 특정하는 원칙으로 삼았다. 정권은 반공과 안보 우선 체제를 앞세우며 권력을 확대하고 집권을 연장하는 데 이용하였다. 반공은 북에 대한 대립이자 경쟁이었다. 통일을 바라는 염원과는 반대로 무력 충돌의 가능성까지도 배제할 수 없는 지경이었다. 군사적 차원뿐만 아니라 국제 외교 관계, 체육 경기, 문화 및 모든 분야에서 북한과 경쟁하고 있었고 경제적으로 우위에 서야 한다고 목소리를 높였다. 정부는 북한과의 경쟁에서 이기려면 정치적 안정이 필수라며 시민의 기본권을 제한하고, 정치적 안정 위에서 산업화를 추구해야 한다며 노동 운동을 탄압하였다.

이이효재는 이 시대의 사회학은 통일 사회를 향한 사회학이 되어야 한다고 생각했다. 사회학은 마땅히 우리 민족의 인간 해방과 인간화를 가능하게 하는 민주적인 사회, 즉 자유, 평등, 사랑이 구현될 수 있는 사회로 변화시키는 데 이바지하는 지식과 실천 방법을 제공해야 했다.

이이효재는 이런 생각으로 연구를 지속했고, 그 결과를 정리하여 『분단 시대의 사회학』이라는 책을 내었다. 이 책에서 이이효재는 박정희 정권의 한국적 민주주의가 우리 사회의 민주화 요구를 어떻게 억압하고 통제하고 있는가를 실증적으로 밝혀내었다. 즉 분단이 가족과 여성, 자아정체성과 사회 구조에 미친 영향을 분석한 것이었다.

'한국적 민주주의'는 '가부장적 권위주의'였다. 박정

희는 권력을 절대화시켜 가부장적 지도자로 행세했다. 권력에 복종하는 위계질서 사회로 만들기 위해 가부장적 공동체의 충(忠)과 효(孝)등 전통 요소를 강화시키고 심화시켰다. 언론에서는 대통령을 국부로, 그의 아내를 국모로 칭했다. 안보 위기를 조장하며 교과 과정에 교련[24]을 편성하고 국가에 대한 충성을 주입했다. 여학생들에게는 신사임당을 롤 모델로 각인시키면서 현모양처 이데올로기를 교육했다.

여성의 예속과 희생에 기반을 둔 보수적 가족주의는 가부장적 사회 구조를 뒷받침하는 이데올로기가 되었다. 남녀 차별적 가부장주의는 여성 노동자들을 남성 노동자들의 절반에도 못 미치는 저임금 노동자로 묶어 두는 데 근거를 제공했다.

정권은 경제 성장을 위한 효용성을 극대화하기 위해 노동 시장의 갈등을 억압하고자 국가 공동체를 확대 가

---

24 1969년부터 고등학교와 대학에서 의무적으로 실시한 교육 과정으로 대학은 필수적으로 교내 군사 교육과 병영 집체 교육을 실시하였고, 고등학교는 보통 교과의 필수 과목으로 군사 교육과 위생 및 구급법 교육을 실시하였다.

족의 이미지로 설정하고 화합와 단결을 강조하였다. 대통령은 가부장적 온정주의를 베푸는 자세로 개인들이나 지역들 간에 경쟁을 조장하는 많은 대회를 개최하며 포상을 실시했다. 그렇게 가부장제의 전통을 계승, 강화하기 위한 교육, 문화 정책을 실시했다.

특히 1974년, 여성을 억압하는 보수적인 가족주의를 미풍양속으로 치켜세우며 강화시키는 교육 단체로 '예지원'을 설립하고 활동을 지원하였다. 이는 가족법 개정을 요구하는 여성 운동에 대응하는 반동적인 움직임이었다. 오랫동안 가족법이 개정되지 못한 이유가 바로 정권 차원의 필요에 의한 것이었다. 가족의 민주화는 곧 사회 민주화의 기본 조건이었다.

『분단 시대의 사회학』은 수십 년 동안 여성과 가족을 연구한 결과물이자 사회 민주화를 저해하는 뿌리를 갈파한 이이효재의 독창적인 이론이었다. 사회학자 김진균은 이이효재의 학문적 업적을 "우리 학계에 처음으로 여성이라는 변수를 도입한 점, 여성학에서도 역사적 이해를 도입해 토종 이론을 만들어낸 점, 분단 사회학

을 개척한 점"이라 정리했다.[25]

해직 후 연구에 몰두하면서 『분단 시대의 사회학』을 정리할 수 있었으니 학자로서는 더욱 생산적인 시절이기도 했다. 학교에서 쫓겨나 연구실이 없어서 집에서 공부하고 책을 써야 했다. 연구실은 그렇다 쳐도 도서관을 이용할 수 없는 것은 큰 문제였다. 그래서 서대문에 있던 한국 사회 과학도서관에 나가기 시작했다. 도서관장이 이이효재의 사정을 알고는 도서관에 빈 방을 하나 내주었다.

그 방에서 김주숙, 지은희, 이옥경, 이미경, 장하진 등 제자들과 함께 현대사 공부를 하였다. 강만길 교수를 초청하여 몇 차례 분단 시대의 역사 인식에 대한 강의를 들었다. 김용옥 교수로부터는 우리나라와 동양의 가부장제 역사에 대한 강의를 듣기도 했다. 그러던 와중에 강만길 교수가 국가 보안법 위반 혐의로 구속되었다. 이영희 교수, 조승혁 목사와 더불어 기독교사회문

------

25 교수신문 엮음, 『오늘의 우리 이론 어디로 가는가』, 생각의나무, 2003, 336쪽

제연구원에서 교사들을 상대로 통일론을 강의했다는 이유였다. 통일에 대한 논의조차 국가가 독점하던 시절이었다.

사회 과학도서관장이 겁을 내며 방을 비워달라고 했다. 그러자 제자들이 기금을 마련해서 아현동에 연구실을 하나 마련해주었다. 그 당시만 해도 여성들만의 연구회라는 것이 없었다.

"사회 과학하는 여성들끼리만 연구회를 조직해보자."

이이효재의 제안으로 그곳에서 '여성한국사회연구회'가 탄생했고, 여성 연구자들이 함께 모여서 정치 경제학, 여성학 등을 공부했다.

그때 전국적으로 대학에서 해직된 교수들이 80여 명이 넘었다. 변형윤, 안병무, 김진균, 이명현, 장을병, 유인호 등이 이이효재와 가끔씩 어울리는 사이였다.

"우리가 이대로 가만히 있을 수 없지 않겠어요? 우리들도 모여서 공통된 목소리를 내야 하지 않을까요?"

이렇게 만들어진 단체가 '해직교수협의회'였고, 이이효재는 이 모임의 회장으로 활동했다. 정권의 감시가 심해서 미리 장소를 정해서 모임을 가질 수도 없었다. 등산을 구실로 산에 모여 시국을 논하곤 하였다. 이들과 함께 등산을 자주 다니다 보니 건강도 좋아졌다. 광주 지역의 해직 교수들과 함께 광주 항쟁에서 목숨을 바친 이들이 묻혀 있던 망월동 묘지를 방문하여 함께 피눈물을 쏟기도 하였다. 4.19 혁명에 이어 또다시 민주주의를 부르짖으며 목숨을 던진 젊은 넋들이 남은 자들의 각성을 촉구하며 눈을 감지 못하고 있었다. 1982년, 개인적으로도 커다란 상실이 닥쳐왔다. 딸의 해직을 담담하게 받아들이셨던 어머니의 급작스러운 대장암 발병과 운명이었다. 겉으로는 의연한 척했던 어머니였지만 딸이 수배 상태여서 언제든지 체포 수감될까 노심초사하면서 나름대로 구명 운동을 벌였음을 나중에야 알게 되었다. 1980년 신군부가 국가보위입법회의[26]라는 초법적인 단체를 만들 때 여성계 몫으로 입법 의원이 되었던 김정례는 이이효재와 오랜 인연이 있었다. 이이

••

---

26 1980년 10월 27일 대통령 자문 기구인 국가보위비상대책위원회에서 '국가보위입법회의법'이 통과됨에 따라 설치된 임시 입법 기구. 1979년 12·12 군사 쿠데타로 정권을 장악한 전두환 장군 등 신군부는 이 어용 기구를 내세워 제5공화국 정부 수립 절차를 하나씩 밟아나갔다.

효재는 여성 운동을 한다던 그녀가 여성계를 대표한다며 신군부에 협조하는 모습에 분노를 참을 수 없을 지경이었다. 그런데 어머니는 평소 자신을 어머니라 부르며 따르던 그녀에게 딸의 안전을 청탁하고 있었음을 당시에는 꿈에도 알지 못했다.

어머니의 간절한 바람은 오래지 않아 이루어졌다. 1983년 12월 21일, 전두환 정권은 어느 정도 자신감이 생긴 듯 학원 자율화 조치를 발표했다. 대학에 상주하던 경찰 병력을 철수시켰고 해직 교수를 복직시키며 1,300여 명에 이르는 시국 관련 제적생을 복학시켰다.

1984년 여름, 이이효재는 복직 소식을 샌프란시스코에서 들었다. 그녀는 샌프란시스코의 장로교 신학대학원에서 '제3세계 여성' 과목을 강의하고 있었다. 출국 전 해직 중이어서 여권을 받는 데 어려움이 있었지만, 장로교 신학대학 학장의 도움으로 간신히 여권을 받아 출국할 수 있었다.

이이효재는 그곳에서 미국인들과 아시아에서 온 신학대학원생들을 대상으로 한국의 가부장제 성격과 한국 여성의 지위, 여성 노동자 문제, 제3세계 여성들의 상황에 대해 강의했다. 학생들 사이에서 강의는 꽤 인기가 높았다.

그곳에서 이이효재는 환갑을 맞이했다. 수강생들 중 미국인 남학생 하나가 이이효재의 환갑을 축하해준다며 집에서 손수 케이크를 만들어왔다. 이이효재가 쥐띠라는 사실을 알았던 그는 케이크 위에 60마리의 작은 쥐 모양을 만들어 올려놓았다. 다소 엉뚱해 보이기도 했지만 학생들과 함께 맘껏 웃었던 즐거운 시간이었다.

4년 동안의 해직 시기는 분명 시련이었지만, 이이효재를 내적으로 단련시키는 복된 시간이기도 했다. 그동안 이이효재는 평생 지고 가는 학문이라는 자루에 튼실한 알곡을 채울 수 있었다. 동시에 자신과 생각을 같이하는 이들과 연대를 넓히면서 세상에 발을 더욱 단단히 디디고 섰다.

10. 사랑은 이웃에게,
    재물은 하늘에

양가 할아버지 대부터 기독교 신앙을 가진 집안에서 목사의 딸로 자라난 이이효재에게 기독교 신앙은 삶의 뿌리였다. 독신으로 봉사하는 삶을 선택한 것도 어려서부터 가까이 보아왔던 고모나 서양에서 온 여성 선교사들이 롤 모델이 되었던 까닭이었다. 그럼에도 그녀는 평생 다른 이에게 자신의 종교를 권하거나 기독교의 교리 등에 목소리를 높이지 않았다. 기독교 정신은 그저 공기나 물처럼 익숙하게 그녀의 삶 속에 녹아 있었다.

이이효재의 하나님은 인간의 역사에 개입하여 진보를 이끌어가는 분이었고, 정의의 편에 서는 분이었다.

그녀의 삶은 하나님 나라, 곧 정의로운 세상을 앞당기는 길에 참여하는 것이었고 약자들을 위한 헌신, 곧 이웃 사랑이었다.

부조리한 세상, 특히 여성들에게 억압적인 한국 사회의 해법을 찾기 위한 노력이 그녀의 학문이었다. 그 길에서 이이효재는 수많은 동지를 만났고 그들과의 연대와 사랑이 그녀의 삶을 풍요롭게 하였다. 미국에서 공부하고 돌아와 교수가 된 뒤, 여성들의 의식을 바꾸려 노력했으나 변화가 보이지 않아 답답하고 외로웠던 시간도 있었다. 하지만 같은 꿈을 꾸는 사람들은 어딘가에 있었고 결국 연결되게 마련이었다.

5.16 쿠데타로 권력을 잡은 박정희 정권은 근대화론에 따라 공업화를 통한 경제 성장을 추구했다. 적극적인 외자 도입으로 공업화를 추진하며 값싼 수출품을 만들기 위해 저임금 저곡가 정책을 유지했다. 결국 노동자들과 농민들의 희생 위에 수출 주도형 경제가 유지되었다. 농민들은 농촌을 떠나 도시로 이주하여 빈민가를 형성하였고, 살인적인 노동 조건에서 장시간 저임 노동에 시달렸다. 기업가는 노동자들을 통제하기 위해 어용

노조로 길들였고, 정부는 민주적인 노동조합 설립을 방해하며 기업가 편을 들었다.

우리 사회가 본격적으로 산업화하면서 노동자 문제, 빈민 문제가 심각한 문제로 등장했다. 저임 노동자들 중에서도 더 열악한 노동 조건에서 허덕이는 이들은 나이 어린 여성 노동자들이었다. 1970년대 전반에 농촌을 떠난 여성 가운데 초등학교 졸업 이하의 학력을 가진 이들은 약 60%였다.[27] 이들은 가난한 농촌 가정의 딸들로 가족들의 생계를 돕거나 남자 형제들의 교육비를 벌려고 나온 십 대 소녀들이었다. 대부분 초등학교를 졸업하고 곧바로 노동 현장에 들어온 이들은 여성이라는 이유로 심각한 차별을 당하는 가부장제의 피해자들이었다.

이런 사회 문제에 관심이 생겨나면서 도시산업선교회, 크리스천아카데미, 도시문제연구소, 기독자교수협의회 등의 기독교 단체가 생겨났다. 이이효재는 기독자

27 강준만, 『한국 현대사 산책 - 1970년대 편』, 인물과사상사, 2002, 145쪽

이
이효재

교수협의회에 참여하면서 인천 도시산업선교회에서 여성 노동자들을 돕던 조화순 목사를 만났다. 그동안 교육받은 중산층 여성들에게 관심이 머물러 있던 이이효재는 비로소 여성 노동자들에게 눈을 돌리게 되었다.

조화순 목사를 통해 여성 노동자들의 현실을 알게 되면서 나름대로 양심적으로 살아왔다고 생각하고 있던 이이효재는 부끄러웠다. 그동안 여성 노동자들의 현실을 심각하게 생각해보지 못했기 때문이었다.

인천에 동일방직이라는 회사가 있었는데 전체 1,300여 노동자 중 여성 노동자가 1,000명이 넘었다. 그런데 똑같은 일을 하면서도 남자 노동자는 하루 300원, 주부 노동자들은 120원, 어린 여성 노동자들은 80원을 받았다. 이이효재는 그들의 처지를 알고 난 뒤 어린 나이에 고향과 부모를 떠나 고된 노동에 차별까지 당하는 어린 여성 노동자들이 너무도 가엾게 느껴졌다. 직접 그들의 삶을 체험하느라 동일방직에 취업까지 감행했던 조화순 목사는 여성 노동자들이 주체적인 삶을 살아갈 수 있도록 만드는 것을 목사로서의 사명이라 생각했다.

1972년 5월, 동일방직의 여성 노동자들이 그동안 회사 측의 입장만을 대변하던 어용 노동조합을 뒤엎고 자신들의 진정한 대표자이자 우리나라 최초의 여성지부장을 선출했다.

여성 노동자들은 1977년 기준으로 남성 노동자의 평균 임금의 41%에 지나지 않는 임금을 받고 기계처럼 일해야만 했다.[28] '공순이'라고 무시당하던 여성 노동자들은 마침내 민주노조를 만들어 자신들의 정당한 권리를 주장하면서 인간으로 일어서는 찬란한 경험을 했다. 정부와 회사는 이 노조 집행부를 없애려 온갖 비열한 방법을 다 사용했다. 이이효재는 여성 노동자들 곁에서 그들을 돕는 조화순 목사가 너무나도 고맙고 존경스러웠다. 가끔씩 그녀를 만나 그녀의 말에 귀 기울여주고 윤정옥, 정세화 등 동료 교수들과 함께 모금한 돈을 전달해주었다.

그보다 먼저 권력의 위압에 숨죽이던 노동자들의 절

28 강준만, 『한국현대사 산책 – 1970년대 편』, 인물과사상사, 2002, 141쪽

규는 결국 극단적으로 터져 나오고 말았다. 1970년 11월 13일, 청계천 평화시장의 스물두 살 청년 노동자 전태일은 "근로기준법을 준수하라!", "우리는 기계가 아니다!"라고 절규하며 자신의 몸에 불을 붙이고 산화했다. 그의 가슴에는 근로 기준법이 안겨 있었다. 법을 공부하면서 공부를 도와줄 '나에게 대학생 친구가 하나 있었으면' 했다는 전태일의 간절한 바람이 전해지면서 지식인들은 부끄러움에 고개를 떨구었다. 이이효재 또한 충격을 받았고 미안했다.

이이효재는 오랜 친구이자 동료 교수인 윤정옥과 함께 전태일의 어머니 이소선을 방문했다.

"저는 이제부터 '내가 못다 한 일 이뤄 달라'며 떠나간 아들의 일을 하는 데 일생을 바치렵니다."

이소선 여사의 비장한 각오에 고개가 절로 숙여졌다. 자신과 같은 시대를 살아온 이소선은 일제 강점기 가난한 소작농의 딸로 태어나 평생 서러움과 빈곤 속에서 살아온 이였다. 누구보다도 총명했던 그녀의 장남 전태일은 초등학교도 마치지 못하고 노동자가 되어야 했다. 그런 아들이 노동 환경을 개선해보려 몸부림치다 결국 자신의 목숨을 바쳐버렸으니 그 한이 어떨지 감히 짐작조차 할 수 없었다. 부모를 잘 만나 혜택 받고 살아온 자신을 돌아보며 이이효재는 그저 그녀의 손을 잡아주었을 뿐 뭐라 위로의 말을 건네기도 송구스러웠다.

전태일의 죽음 이후 '조국 근대화와 근로자의 삶', 즉 노동 문제는 사회적 이슈가 되었고 이듬해 봄 학기가 시작되자 최영희, 장하진이 이이효재를 찾아왔다.

"선생님, 저희가 모임을 만들었는데 지도 교수가 되어주세요. 저희들이 모여 함께 사회 문제에 대해 공부하면서 우리가 할 수 있는 역할을 모색해보고 싶습니다."

그 당시 정부는 학생들의 조직에 지도 교수제를 실시하고 있었다. 지도 교수가 없이는 학내 동아리로 등록이 불가능했다. 독재 정권이 지도 교수를 통해 학생들의 동태를 파악하고 그들의 행동을 통제하려는 의도였다. 이들은 이이효재와 기독교학과의 현영학 교수라면 앞으로 자신들의 활동을 이해하고 지지해줄 거라 믿고 있었다. 물론 두 교수는 기꺼이 지도 교수를 맡아주었다. 나중에 현영학 교수가 학장이 되면서 그 자리를 윤정옥 교수가 대신하게 되었다. 이들이 만든 동아리가 '새얼'이었다. 이이효재는 이화대학에 그동안 고대하던 새로운 바람이 불어오고 있음을 직감했다.

이이효재는 자신이 몸담고 있던 사회학과의 신입생으로 들어온 최영희와 장하진을 눈여겨 보았다.

"얘들아, 사회학과 학보를 만들어보면 어떻겠니? 우리나라에 사회학과가 네 군데 있는데 사회학의 흐름과 각 학교의 사회학과 소식을 전하는 소식지 말이다."

이이효재 교수의 제안에 고등학교에서는 거의 없던 주간학교신문의 기자였던 최영희가 적극적으로 움직여 사회학과 학보가 등장하게 되었다. 최영희와 장하진은 같은 과의 선배들과 함께 사회학보를 만들기 시작했다. 이들은 자연스럽게 학문적 주제뿐만 아니라 사회문제로 관심의 폭을 넓혀갔다. 당연히 전태일의 분신이 이들에게 준 충격 또한 이이효재에게 준 충격 못지않았다. 그 충격과 각성으로 그들의 동아리 새얼이 탄생하게 되었다.

새얼은 최영희와 장하진이 모임을 결성하자는 뜻을

모으면서 시작되었다. 최영희는 고등학교 동기 동창이었던 영문학과의 이미경에게 가입을 권유했다. 이미경은 당시 이대 학보사 기자로 활동하던 친언니 이옥경을 소개했고, 이옥경이 신혜수를 참여시키면서 탄력이 붙었다. 후배 회원 모집도 순조로웠다.

새얼은 이름 그대로 이화대학에 새로운 바람, 즉 새로운 각성을 일깨웠다. 이후 새얼 회원들과 이이효재는 인생의 동반자이자 사회 민주화 운동의 동지가 되었다. 제자들의 작은 활동에도 이이효재는 너무 감격하여 눈물이 핑 돌 지경이었다. 그때부터 제자들 사이에서 이이효재의 별명이 '감격시대'가 되었다.

이들은 사회 문제에 대해 함께 공부하며 토론했다. 방학 동안에는 공장에 취업하여 여성 노동자들의 삶을 직접 체험하기도 했다. 당시 문제가 되었던 버스 여차장의 몸수색으로 인한 인권 유린의 실태를 조사하기도 하였다. 청계천, 사당동, 목동의 뚝방 지역 빈민들이 지금의 성남으로 강제 이주된 뒤 저항한 '광주 대단지 사건'을 현장 조사한 뒤 신문 '새얼'을 정기적으로 만들어 학교에서 배포했다.

이이효재는 해외 소식도 전해주고, 국내외에서 새로운 연구 결과물이 나오면 항상 새얼의 제자들 수대로 복사하여 나눠주면서 함께 읽고 토론했다. 여성 문제에 대한 관심을 유지하면서 실천적으로 사회를 변화시키는 데 주체적인 역할을 해야 한다는 것이 그녀의 지론이었다.

이이효재는 조화순 목사를 학교에 초청하여 강연회를 열기도 했다. 대형 강의실을 정해 놓고 열심히 홍보했지만, 자리를 채운 이는 대부분 새얼 멤버들뿐이었다. 그러나 낙담하지 않았다. 변화는 소수의 깨어난 이들에 의해서 시작되는 법이니까.

새얼의 제자들은 민주화 운동에 참여하면서 해를 거듭할수록 학교 당국이나 정부로부터 핍박을 당했다. 이이효재는 최선을 다해 이들을 보호하려 노력했다. 수배되면 뒷바라지했고, 구속 수감되면 친척이라 거짓말을 해서라도 면회를 가서 용기를 북돋아주었다. 당시는 가족이나 친족이 아니면 교도소의 양심수들을 면회하는 것이 불가능했다.

무엇보다도 자신의 집과 연구실 문을 그들에게 항상

열어두었다. 제자들이 세상을 변화시키려 뛰어다니다가 힘들고 지칠 때면 잠시나마 자신에게 기대고 쉬면서 에너지를 회복하길 바랐다. 그들이 연구실이나 대문을 열고 들어설 때면 언제나 웃는 얼굴로 맞아주었고, 먹여주고, 재워주고, 용돈을 쥐어주었다. 그러다 보니 정년 때까지 매달 월급날이 돌아오기도 전에 생활비가 떨어지곤 하였다.

"그나마 너희 같은 이들이 있어서 세상은 조금씩 나아지는 거야."

이이효재가 항상 제자들의 등을 토닥여주며 하는 말이었다. 부모형제들로부터 꾸중을 듣고 축 처져 있던 제자들의 어깨는 스승의 응원으로 다시 추켜세워지곤 하였다.

"남들처럼 결혼하고 아이까지 둘씩 낳아가며, 남이 누리는 행복 다 누리면서 어떻게 세상을 바꾸겠느냐?"

이이효재는 제자들에게 혼인하지 말고 사회를 변화시키는 데 매진하라고 말하곤 했다. 그러니 제자들은 결혼하거나 출산을 앞두면 스승 앞에서 기가 죽고 주눅이 들었다. 하지만 정작 제자들이 결혼하거나 출산할 때면 그 누구보다 먼저 진심으로 축하해준 사람이 이이효재였다. 제자 신혜수가 임신 중에 입덧을 하며 논문을 쓸 때는 한 달 반 동안 자신의 집에서 함께 기거하며 곁에서 논문을 지도하기도 하였다.

1972년 여름, 이이효재는 조화순 목사에게 도움을 주고 싶어서 가장 시급한 것이 뭐냐고 물었다.

"내년부터 인천 도시산업선교회 책임자가 되는데 그동안 제가 하던 일을 맡을 실무 활동가가 필요합니다. 그런데 돈도 사람도 없습니다."

조화순에게 인건비를 마련해보겠다고 약속한 이이효재는 졸업을 한 학기 남겨놓고 있던 이미경, 장하진, 최영희를 불렀다.

"얘들아, 조화순 목사님이 너희 셋 중에서 한명을 도시산업선교회로 보내달라는데 누가 갈래?"

이미 장하진은 공부를 계속하기로 결정했고, 이미경은 기독교 사회 운동을 지원하는 단체에서 일하기로 했기에 결국 최영희가 가게 되었다.

"영희야, 네가 그곳에서 일하는 동안 넉넉지 않겠지

만 월급은 내가 마련해주마."

이이효재는 최영희의 어깨를 두드리며 말했다. 이이효재는 국제부인회 간부였던 지인에게 어려운 여성 노동자들에게 선교하는 봉사 단체에서 일할 실무자의 급여를 도와달라고 부탁했다. 그러나 반년 가까이 월 3만 원의 급여를 책임지던 그들은 도시산업선교회가 단순한 선교 조직이 아니라는 사실을 알고는 지원을 끊어버렸다. 그 뒤부터 이이효재는 친지의 도움과 자신의 사비로 최영희의 급여를 지원했다.

1975년 말부터 정권의 도움을 받은 동일방직 사측은 민주노조를 와해시키려는 공작을 본격적으로 시작했다. 여성 노동자들은 놀라울 만큼 굳게 단결하여 저항했다.

1976년 7월 25일, 노조 어용화 공작을 막기 위해 여성 노동자들이 밤낮없이 마당에서 3일간 농성을 하고 있는데 경찰이 폭력으로 진압을 시도했다.

"아무리 무지막지한 경찰이라도 알몸으로 버티는 우리들에게는 손을 대지 못할 것이니 옷을 벗자."

누군가의 제안으로 모두 작업복을 벗었다. 경찰은 알

몸으로 저항하는 여성 노동자들에게 주먹과 곤봉을 휘두르며 폭력으로 진압했다. 부상자가 속출했고 한 명은 충격으로 정신 분열 증세를 일으켰다. 이런 시련을 겪으면서도 그들은 하나가 되어 와해 공작을 잘 막아냈다.

탄압은 계속 시도되었다. 1978년, 동일방직 여성 노동자들은 노조 대의원 선거 현장에서 회사 측이 뿌린 똥물을 뒤집어쓰는 극단적인 인권 침해를 겪기도 하였다. 124명이 집단해고를 당하고 생존권을 요구하는 이들의 주장은 공산주의자들의 불온한 행동으로 매도되었다. 분단을 여성 노동자들의 정당한 권리를 억압하는 데 이용하고 있었다. 동일방직의 이 투쟁에 함께했던 산업선교회에는 최영희와 새얼 후배 김은혜 그리고 그 뒤에 인재근이 차례로 활동을 이어갔다. 영원히 무너지지 않는 철옹성 같았던 유신에 구멍을 뚫은 여성 노동자들의 싸움 뒤에 여성 지식인들의 지원이 있었다.

"교수님, 저희가 동일방직 여성 노동자들의 투쟁을 소재로 한 노래굿을 카세트테이프로 제작하려고 합니다. 2만 원만 지원해주십시오."

1978년 어느 날, 김민기라는 청년이 이이효재를 찾아와 부탁했다. 그 당시 대학교수 월급으로도 2만 원은 상당한 액수였다. 한국교회사회선교협의회의 후원으로 제작된 것으로 알려진 '공장의 불빛' 테이프 제작을 지원할 수 있었던 것 또한 보람 있는 일이었다.

1980년, 이이효재는 김대중 내란 음모 조작 사건으로 학교에서 해직되었다. 처음에는 검거를 피해 사촌 집에 숨어 있었다. 억지 각본에 의해 위조된 사건이었으니 검찰의 기소가 끝나 재판이 시작되자 더 이상 피해 있을 이유가 없어졌다. 이듬해 봄, 이이효재는 집에 돌아가기로 했다. 그런데 막상 돌아가려니 이웃에 빨갱이 집이라는 소문이 파다했던 옛집으로 돌아가기가 부담스러웠다. 마침 해직 후 퇴직금으로 받은 700만 원으로 둔촌동 미분양 아파트를 분양받아 이사했다. 전혀 생각지도 못했는데 나중에 그 아파트 값이 올라 해직 기간의 급여만큼 채워졌다. 하늘은 이렇게 깜짝 선물을 준비하기도 했다.

복직 이후 제자들과 더불어 기금을 모아 여성민우회를 결성할 때도 당시로서는 적지 않았던 800만 원을 기

부했다. 세월이 흘러 민주화가 이루어지고 난 뒤 이이
효재는 이러저러한 상과 상금을 타게 되었다. 하지만
그 재물을 주머니에 넣는 일은 없었다. 유관순상의 상
금으로 받은 1,000만 원은 진해 기적의도서관에 유관
순의 일생을 닥종이 인형으로 제작하고 전시하는 데 썼
고, 국가청소년위원회 위원장으로 있던 제자 최영희
와 함께 유관순의 일생을 애니메이션 영화를 제작하여
CD 1,000개를 전국 도서관에 배포하기도 했다. 비추
미 여성대상, YWCA 한국여성지도자상, 허황옥상, 진
해 김달진 문학제의 지역 문화 공로상 등에서 받은 모
든 상금은 그때그때 가장 필요하다고 생각하는 단체를
위해 내놓았다. 상을 받을 때마다 이이효재가 하는 말
은 "나 혼자서 한 일이 아니었다"였다. 상금은 함께한
모든 이들의 것이라는 생각이었다. 심지어 상금을 받을
때마다 세금으로 공제한 액수를 더하여 원래 상금의 액
수대로 기부하는 바람에 실제로는 자신의 살림을 보태
어 기부하곤 했다.

  1997년, 서울에서의 삶을 정리하고 고향으로 내려올

2008년 김달진 문학제에서 지역 문화 공로를 인정받아 특별상을 수상한 이이효재.

때였다. 서울에서 살던 아파트는 수십 년 동안의 전 재산이었다. 그 아파트를 팔아 고향 진해에 작은 아파트를 구입하고 나니 여유 자금 1억 원이 생겼다. 그 돈도 그동안 대표로 있던 한국여성사회교육원에 내놓았다. 한국 여성들의 앞날이 더 밝아지기를 기도하는 마음이었다.

어린 시절 부모님의 가르침대로 이웃을 사랑하며 살아온 이이효재의 삶에서 재물은 자연스럽게 하늘에 쌓였다.

11. 폭력에 억눌렸던 여성들, 손잡고 일어서다

　　1984년 가을, 이이효재는 이화대학의 연구실로 다시 돌아왔다. 이화대학의 역사상 세 번이나 임용된 교수는 그녀 말고는 없을 것이다. 학교 당국과 동료 교수들의 반응은 싸늘했다. 윤정옥, 이남덕 등 옛 친구들을 제외하고는 반갑게 인사하는 교수도 없었고, 연구실로 찾아와주는 이는 더더구나 없었다. 하지만 그의 수업에는 수백 명씩 수강 신청을 하는 제자들이 있었고, 잘못한 것이 없으니 거리낌 없이 당당했다.

　학교를 떠나 있는 사이 사회 변화와 발전에 대한 그의 신념은 더욱 굳건해져 있었다. 이이효재는 수업을 통해 가부장제적 국가 권력을 비판하며 이를 극복하고 가정 민주화와 사회 민주화를 이루어야 한다는 목소리를 더욱 높였다.

정권이 아무리 발악을 해도 그들의 의도대로 학생 운동은 통제되지는 않았다. 학원 자율화 조치로 복귀한 제적생이 전국적인 학생 조직을 결성하고 노조와 연대하기 시작했다. 정권이 통제할 수 없을 정도의 속도와 규모로 학생, 노동단체, 지식인을 중심으로 한 재야단체들의 조직이 확산되었다. 학교에서는 연일 민주화를 요구하는 시위가 벌어졌다. 1970년대까지만 해도 극소수만이 민주화 운동에 참여했던 이화대학 학생들의 분위기도 완전히 달라져 있었다. 학생 운동 세력이 성장했고 대규모 시위가 빈번하게 일어났다.

여성 연구 열기가 유행처럼 확산되었고 가족법 개정 운동과 여성 노동자들의 노동 운동을 지원하는 과정에서 성차별과 노동착취에 대한 문제의식이 여학생 운동의 이슈가 되었다. 이이효재는 이러한 실천적 여성학의 중심에 있었고, 시위하는 학생들 편에 서서 그들을 감싸며 지속적으로 반정부 활동에 참여하였다. 그러니 학교 측에서는 그녀가 점점 더 부담스러워질 수밖에 없었다. 학무처장이나 문리대 학장은 정부로부터 심하게 시달림을 받는 듯했다.

어느 날, 정의숙 총장이 이이효재를 불렀다. 한참 후배인 그녀는 자신의 자리에 앉은 상태로 총장실로 들어서는 이이효재에게 앉으라는 말도 없이 다짜고짜 따졌다.

"선생님, 은퇴하실 때까지 여기 계시고 싶어요? 무사히 정년퇴직 하시려면 좀 조용히 계셔요."

"아이들이 저렇게 민주화를 외치며 탄압을 당하는데 선생이라는 사람이 어떻게 가만히 있을 수 있겠습니까?"

"한국 사람들은 민주주의를 할 자격이 없어요."

이이효재는 총장의 말에 충격을 받아 말이 나오지 않았다. 사실 1970년대 이화대학 총장이던 김옥길 총장도 이이효재와 현영학, 서광선 교수 등을 해직시키라는 유신 정권의 압력을 무던히 받았다. 그러나 "학생들이 너무 좋아하는 교수들이어서 못 쫓아냅니다"라며 김옥길 총장은 교수들을 두둔했다.

그 뒤를 이은 정의숙 총장은 전두환 군사 독재 정권의 산파역을 맡았던 국가보위입법회의의 입법 의원으로 활동하였고, 그 시기에 이이효재는 해직되었다. 어쩌면 김활란 총장 시절부터 학교의 안정과 성장을 위한다는 명분으로 불의와의 타협을 허용하는 분위기가 형성된 것은 아니었을까 하는 생각이 들었다. 최순실 국정 농단 사태로 이화대학이 논란이 중심이 되고, 최경희 총장이 구속되기에 이르렀던 일의 뿌리는 이런 과거에 있는지도 모른다.

1986년 초부터 김대중, 김영삼 대표적 야당 지도자와 신민당은 대통령 직선제 개헌을 위한 1,000만 서명 운동을 시작했다. 3월 9일, 김수환 추기경도 직선제 개헌을 촉구하였다. 며칠 뒤 한국기독교교회협의회가 1,000만 개헌 서명 운동에 동참을 선언했다. 이어서 학계, 종교계, 법조계 등 범국민적인 운동으로 확대되었다. 이어서 교수들의 시국 선언이 터져 나왔다. 고려대에서 시작된 교수들의 시국 선언은 29개 대학 785명이 참여하기에 이르렀다. 1986년 4월 19일, 이화대학에서도 이이효재, 윤정옥, 박순경 등 10명의 교수가 민주적 개헌을 요구했다.

1988년 올림픽을 서울에서 유치하기로 결정한 뒤, 1983년부터 전두환 독재 정권은 반정부 세력에 대해 유화적인 입장을 취했다. 그 상황을 적극 활용하여 여러 진보적인 여성단체들이 생겨났다. 1970년대의 반독재 투쟁, 1980년 광주 항쟁과 이어지는 반정부 투쟁에 참여했던 여성들의 인적 자원과 그 경험이 바탕이 된 단체들이었다. 1983년에는 여성평우회, 여성의전화, 1984년 또하나의문화, 1986년에는 기독여민회 등이 설립되었다.

　　이런 단체들은 여성 문제를 사회 구조적으로 분석하고 근본적인 해결책을 찾기 시작했다. 한국 여성이 가정과 사회에서 경험하는 다양한 억압과 폭력은 남북 분단이라는 사회 구조적 상황과 군사 문화에 뿌리를 두고 있었다. 이이효재는 분단 시대의 민족적·역사적 상황에 대해 인식하지 못하고 단순히 남녀평등을 요구하는 여권 운동은 더 이상 지속되어서는 안 된다고 주장했다.

　　전쟁 이후 한국 경제는 여성의 빈곤과 희생을 토대로 급속하게 성장하였다. 군부 독재의 가부장제 국가주의는 여성을 가정이라는 울타리에 가두거나 언제든지 해고할 수 있는 값싼 예비 노동력으로 인식하였다. 여성은 국가 권력과 남성의 성적 대상이 되거나 성희롱과 성폭력의 희생자가 되고 있었다.

새로운 여성단체들은 분단 극복과 민주화를 동시에 해결하자는 입장을 취했다. 군부 독재를 타도하고 민주주의를 구현하는 데 남녀의 구분이 있을 수 없었다. 민주주의는 우리 사회에 뿌리 깊이 박혀 있는 성적 편견과 차별에서 여성을 해방시켜야 완성될 것이다.

제자들이 중심이 되어 만들었던 여성평우회는 심각한 가정 폭력에 대해 공론화하기 시작했고, 25세 여성 조기 정년제 철폐 운동에 앞장섰다. 1985년 4월, 이경숙이라는 미혼 여성이 교통사고를 당한 뒤, 사고 회사를 상대로 손해 배상 청구 소송을 냈다. 재판부는 이 여성의 정년을 여성들의 평균 결혼 연령인 25세로 규정했다. 그리고 26세 이후는 가사 노동자로 간주하여 일당 4,000원으로 계산해 보상금을 지급하라는 판결을 내렸다.

여성계는 즉각적으로 반발했고 대대적인 투쟁에 돌

입하였다. 새얼 출신 이옥경의 남편 조영래 변호사가 사건을 맡아, 결혼하면 퇴직한다는 판결이 헌법 정신에 위배된다는 소송을 진행했다. 이 소송은 일곱 차례나 되는 긴 심리 끝에 승소했다. 그 결과, 여성들의 정년도 남성들과 같이 55세로 규정되었다. 견고한 성차별의 장벽을 하나 넘은 대사건이었다.

그 뒤 여성운동단체인 여성평우회 활동가들이 운동의 방향을 놓고 서로 다툼을 벌였다. 여성 노동자, 여성 농민, 고학력 주부 등 입장이 다른 이들이 한데 모여 있으니 같은 목소리를 내기가 쉽지 않았다.

1987년, 한명숙, 이옥경, 최영희, 김상희, 이경숙 등 여성 활동가들은 여성이라면 누구나 참여할 수 있는 대중 여성 운동 단체가 필요하다는 데 생각이 일치했다. 이렇게 탄생한 단체가 사무직 여성 노동자와 주부들을 대상으로 그들을 교육하며 개인을 바꾸고 사회를 바꿔가는 사업을 전개하자는 '한국여성민우회'였다.

"선생님께서 예전부터 주장하시던 것을 실천하려고 하니 꼭 참여하셔야 합니다."

이들은 이이효재에게 회장을 맡아달라고 부탁했다.

그녀는 환갑이 넘어 난생 처음으로 한국여성민우회의 대표가 되었다. 민우회는 당시 큰 문제가 되었던 노조 탄압 저지, 결혼 퇴직제 반대 등 사무직 여성 노동자들을 위한 운동을 벌였다. 환경 문제, 식품 오염 문제 등에 대한 지식을 심화시키며 생활소비자협동조합 운동을 겸하는 주부 운동도 벌였다. 1970년대 초반 제자들과 함께 화곡동에서 시도해보려다 좌절되었던 운동의 맥을 잇는 활동이었다. 민우회의 생협 운동은 '작게 작게 천천히', '부엌에서 세상을 보자'는 슬로건을 내걸고 일상생활의 경험을 사회적인 것으로 만들어가는 운동을 전개하여 주부 운동과 여성 운동의 확장에 기여했다.[29]

한국여성민우회는 대표적인 여성단체로 성장했다. 성평등한 노동권, 일과 생활의 균형을 위한 활동, 여성이 자신의 몸과 건강의 주체가 되는 활동, 성인지적 관점으로 미디어 감시 활동, 성평등 관점으로 복지 국가를 기획하는 활동, 성폭력 없는 세상을 만드는 반성폭

..

---

[29] 한국여성민우회 20년 운동사 연구위원회, 『여성 운동 새로 쓰기』, 한울, 2008, 24~25쪽

력 활동, 더불어 사는 민주 사회를 위한 사회 개혁 활동을 모토로 여전히 활발하게 활동하고 있다.

1980년대에 결성된 진보적인 여성단체들과 한국교회여성연합회 여성위원회 등의 기독교 여성단체들은 공동 대처가 필요한 상황에서는 함께 뭉쳐 같은 목소리를 내기 시작했다. 그 시발점은 1984년 11월에 발생한 경찰에 의한 경희대 여학생 성추행 사건이었다. 경찰이 시위를 하다 연행된 여학생들을 성추행한 사건이 발생한 뒤 '여대생 성추행 대책위원회'를 결성하여 공동 대응했다. 이어서 여성에 대한 기업의 부당 해고, 결혼 퇴직제 반대 운동, 여성조기 정년제 반대 운동, 금융권의 여행원제 폐지 운동 등 명백한 여성 차별에 공동으로 대응했다.

연대의 힘은 1985년 3월 8일, 14개 여성단체가 함께 제1회 한국여성대회를 열면서 더욱 강해졌다. 이 대회는 1984년 필리핀 마닐라에서 개최된 아시아기독교협의회의 여성회의에 참여했던 이우정, 박영숙, 조화순이 귀국하여 세계여성의 날을 기념하자고 제안하면서 열린 대회였다. 세계여성의 날은 1908년 3월 8일, 미국의 여성 노동자들이 생존권 보장을 요구하는 시위를 했던 날을 기념하여 제정된 것이었다.

이 대회를 통해 '민족, 민주, 민중과 함께하는 여성 운동'이라는 여성 운동의 원칙을 천명했다. 대회사를 맡은 이우정 교수의 말대로 우리나라 여성 운동은 "젊은 여성단체, 여성 근로자뿐 아니라 기성세대와 중산층 여성까지도 하나로 뭉치고 있어 여성 운동이 새로운 전환기를 맞고" 있었다.

이효재는 주제 발표에서 다음과 같이 역설했다.

"한국의 여성 운동은 세계 여성 운동과 함께 해야 합니다. 더불어 여성단체가 민족사적 의식을 가지고 자율적인 회원들의 민주적 조직으로 책임 있는 압력 단체의 역량을 갖춰야 합니다. 소비자이자 생산자인 여성이 노동 운동 의식을 가져야 하며, 가부장적 제도 개혁 운동에 적극적으로 참여하여 가정의 민주화를 가져오는 한편, 가난한 여성들의 생존권 보장, 자녀 문제, 가족 복지 정책 등이 여성 운동의 한 방향이 되어야 합니다. 이 운동은 소수 지도자나 선각자 중심이 아니라 스스로 주인

제7회 한국여성대회에서 강연 중인 이이효재.
ⓒ박용수, 민주화운동기념사업회 제공

이 되는 여성 운동이 되어야 합니다."[30]

　이듬해, 여성들이 결정적으로 한데 뭉치는 데 커다란 전환점이 된 사건이 발생했다. 1986년 부천경찰서에서 노동 운동을 하다 연행된 권인숙을 성고문한 일이었다. 경찰은 그와 전혀 관련이 없는 다른 시국 사건 관련

30 「민족, 민주, 민중과 함께하는 여성 운동」, 매일경제, 1985. 3. 11.

자들의 행방을 추궁하며 성고문을 가했다. 권인숙은 이 사실을 변호사를 통해 공개했다. 그동안 반독재 운동과 관련하여 구속된 여성들에게 성고문이 자행되었다는 말이 은밀하게 돌고 있었으나 피해자가 피해 사실을 폭로한 것은 처음이었다.

권인숙은 "이 처참함이 그 누구에게 되풀이되어서는 안 되기에" 용감하게 일어섰다. 그녀의 외침은 많은 여성들을 부끄럽게 했고 깨어나게 했다. 여성의 성을 고문의 수단으로 삼은 군사 독재 정권의 부도덕성과 인권 유린은 수많은 여성들을 분노에 떨게 했다. 이 사건에 대처하기 위해 20여 개의 여성단체는 이우정을 위원장으로 여성단체연합 생존권대책위원회를 구성했다.

대책위는 부천경찰서장과 성고문 경찰관의 처벌, 내무부 장관과 치안본부장의 사임을 요구했다. 동시에 부천서 성고문 사건 폭로를 위한 전 국민적 대회를 조직하고 대책 활동에 나섰다. 명동성당 부근에서 열린 시위에 수천 명의 남녀가 모였다.[31] 이이효재도 젊은 제자들과 함께 "전두환은 물러나라"는 구호를 목이 터져라 외쳤다.

부천경찰서 성고문 대책 활동을 통해 연대의 힘을 경험한 20여 개의 여성단체들은 진보운동을 위한 상설 기구를 만들자는 데 의견을 모았다. 그동안의 고문대책위원회, 생존권대책위원회, KBS 시청료 납부 거부 운동 등의 연대 활동을 통합하고 개편하여 한국여성단체연합이 탄생하였다.

21개 회원 단체를 둔 한국여성단체연합은 1987년 2월 18일, 여성의전화 강당에서 창립총회를 열고 민족 자주화와 민주화, 생존권 회복, 남녀평등 쟁취를 위한 투쟁을 천명했다. 초대회장으로 이우정을 만장일치로 추대했다. 부회장에는 박영숙, 김희선, 이미경, 엄영애, 이영순을 뽑았다. 한국여성단체연합의 창립으로 진보적 여성 운동은 새로운 도약을 향한 조직적 발판을 마련했다.

••

---

31 이문숙, 『이우정 평전』 삼인, 2012, 361쪽

1987년 1월 14일, 세상을 발칵 뒤집어놓은, 도저히 일어나서는 안 될 참혹한 사건이 발생했다. 경찰에 의한 서울대생 박종철 군 고문치사 사건이었다. 박종철은 수배된 선배의 행방을 찾던 경찰에 의해 구속 영장도 없이 치안본부 대공분실로 불법 연행되었다. 민주적인 나라를 꿈꾸었던 죄밖에 없던 순결한 젊은이는 경찰의 무자비한 물고문으로 생을 마감해야 했다. 이 사건은 성고문 사건에 분노하던 우리 여성들에게 이제 더 이상 독재를 용인할 수 없다는 결단을 내리게 했다.

이이효재는 어른으로서 교육자로서 세상에 살아있다는 사실이 부끄러웠다. 그녀는 거리에 나가 피를 토하는 심정으로 "종철이를 살려내라"고 외쳤다. 전국에서 성명서 발표, 항의 농성, 추도 미사, 기도회 등이 줄을 이었다. 제5공화국 정권에 대한 국민들의 분노와 민주화에 대한 열망은 극에 달했다. 크고 작은 시위가 전국에서 꼬리에 꼬리를 물었다.

그 와중에 국민들의 가슴을 찢는 사건이 하나 더 터지고 말았다. 연세대생 이한열 군의 죽음이었다. 1987년 6월 9일, 연세대학교 정문 앞에서 1,000여 명의 동료 학생들과 함께 직선제 개헌을 요구하며 시위를 벌이던 이한열이 경찰이 쏜 최루탄을 맞고 쓰러져 뇌사 상태에 빠졌다.

그 다음 날, 민정당은 독재 정권을 연장하기 위한 요식 행위로 잠실체육관에 모여 전당 대회를 열고 노태우를 대통령 후보로 선출했다. 대학생들은 "호헌철폐!", "독재타도!", "직선제 쟁취하여 군부 독재 타도하자!"고 외치며 도심으로 모여들기 시작했다. 이날, 가두시위를 하다 경찰에 쫓기던 학생 1,000여 명이 명동성당으로 들어가 농성을 벌이기 시작하면서 이곳은 6월 항쟁의 상징적 장소가 되었다.

시위에 일반 시민들이 가담하기 시작했다. 직장인, 상인들이 합세했다. 택시, 버스, 승용차의 경적 시위, 교회와 사찰의 타종 시위, 넥타이 부대 시위도 등장했다. 6.10 항쟁이었다.

이한열은 사경을 헤매고 있었다. 이이효재는 젊은이들을 지켜주지 못하는 세상을 만들었다는 생각에 고개를 들 수 없었다. 이대로는 더 이상 안 되겠다고 생각했다. 무슨 일이 있어도 독재를 타도하고 민주주의를 찾

이
이효재

아야만 한다고 결연한 의지를 다졌다. 그녀는 이한열의 병원비를 모금하는 상자를 만들어 학교 식당에 가져다 놓았다. 그러나 한 시간도 채 지나지 않아 학교 측에서 그 상자를 치워버렸다. 한열이가 깨어나길 간절히 기도하며 제자들과 함께 매일 거리로 나가 시위에 참여했다. 한국여성단체연합의 여성들은 "최루탄을 쏘지 말라"며 반생명적 경찰의 진압에 항의했다.

마침내 6월 29일, 집권당인 민정당의 대통령 후보 노태우는 6.29 선언을 발표했다. 직선제 개헌 수용, 김대중 사면과 복권, 구속자 석방 등을 약속했다. 4.19 혁명 이후 우리나라 국민의 가장 극적인 승리였다.

한국여성단체연합은 여성 운동 세력의 정치적인 요구를 하나로 관철시켜 나가는 데 구심점이 되었다. 연대를 통해 여성 운동이 대중화되고 전국적으로 확산되었다. 야당의 분열로 1987년 대선에서 노태우가 당선되었다. 6월 항쟁으로 인한 직선제로 당선된 노태우 정권은 전두환 군사 정권을 계승했으나 민주화의 요구에 부응하지 않을 수 없었다. 언론 자유가 확대된 변화 속에서 《한겨레》 신문이 창간되었다. 이이효재는 민주 언

1988년 5월 14일 저녁, 한겨레신문사 윤전실에서 갓 찍혀 나온《한겨레》신문 창간호를 보며 기뻐하는 윤정옥(맨 왼쪽)과 이이효재(맨 오른쪽).

론, 민족 언론, 민중 언론이 될 것을 선언하고 시작하는 이 신문의 이사로 참여하였다.《한겨레》신문에는 월급은 반으로 줄고 일은 두 배로 늘어나는 것을 뻔히 알면서도 "멀쩡한 직장을 때려치우고 어리석은 꿈에 합류하는" 기자들이 있었다. 제대로 된 신문만 만들 수 있다면 세상을 바꿀 수 있다고 믿는 이들이었다. 이들은 기존의 신문과는 확실히 다른 신문을 만들어나갔다. 세상이 바뀌고 있었다. 1988년 4월 26에 실시된 제13대 국회의원 선거에서 국민들은 여소야대 국회를 만들어주었다. 한국여성단체연합의 수석 부회장이던 박영숙이 김대중의 평민당에 합류하여 국회의원이 되었다. 한국여성단체연합에서는 국회가 남녀불평등을 바로잡게 하자는 목표를 세웠다. 여성민우회에서는 남녀고용평등법 개정안을 확정하고 '남녀고용평등법 개정 촉구대회'를 준비했다. 남녀고용평등법은 민정당이 1987년 대선을 앞두고 여성의 지지를 얻기 위해 단독으로 마련하여 의견 수렴 없이 통과시킨 법이었다.

한국여성단체연합이 이 법의 개정을 추진한 것은 이 법에 남녀 동일 임금 규정이 없어서 실효성이 없었기 때문이었다. 개정안에 "동일 가치 노동에 대한 차별 임금 지급을 금지한다"는 규정을 넣었고, 모성 보호의 뜻을 강화해 육아 휴직 기간을 근속 연수에 포함시켰다. 이 개정안은 노동위원회 소속 이해찬 의원의 발의로 1989년 4월 1일 임시국회에서 통과되었다. 박영숙의 끈질긴 활약과 김대중 총재의 도움으로 1989년 9월 정기국회에서 가족법 개정안도 통과되었다. 서서히 우리나라 여성들에게 새로운 기운이 불어 넣어지고 있었다.

이는 정치적으로 사회적으로 그만큼 여성들의 세력이 성장했다는 의미였다.

김호기는 "여성학의 경우 1970~80년대는 '이효재 시대'였다. 가부장적 권위주의가 유독 두드러진 우리 사회에서 학문과 운동의 영역을 모두 아우르며 성평등과 여성 해방의 중요성을 일깨워온 이효재는 '여성학과 여성 운동의 대모라는 호칭이 잘 어울리는 사상가"[32]라고 썼다.

가족의 민주화, 여성의 평등을 추구해온 이이효재의 사회학과 그 이론적 성과를 배우고 실천해온 여성들이 만들어온 집단적인 흐름 혹은 물결이 없었다면 오늘의 한국 여성이 과연 존재할 수 있었을까?

••

32 「김호기의 100년에서 100년으로, "식민·분단 넘어 여성해방" 한국 페미니즘 길을 열다」, 한국일보, 2018. 8. 27.

이
이효재

12. 평생 친구 윤정옥과 그녀의 오랜 숙제

사람에게 일생 동안 생각과 정서를 공유하며 손잡고 같은 방향으로 걸어가는 친구를 갖는 일만큼 큰 축복도 드물 것이다. 윤정옥은 이이효재에게 그런 친구였다. 청년기 이후 이이효재에게 윤정옥은 네 명의 친자매 못지않게 가까운 친구이자 동지였다.

1945년 가을, 두 사람은 이화대학 영문과의 신입생으로 처음 만났다. 1924년생 이이효재와 한 살 아래 윤정옥은 너무도 비슷한 가정 환경을 갖고 있었다. 깜짝 놀랐을 만큼 두 사람이 대면하기 이전부터 두 집안은 이런저런 인연으로 맞닿아 있기도 했다. 만나자마자 두 사람이 마치 오랜 친구처럼 가까워진 것은 너무도 자연스러웠다.

　윤정옥도 이이효재와 마찬가지로 3대째 기독교 집안 출신에 목사 아버지를 두고 있었다. 일제 강점기, 이이효재의 집안처럼 윤정옥의 가족들도 독립운동에 투신하여 온갖 고난을 받았던 내력이 있었다. 이이효재의 고모 이애시는 세브란스 병원의 수간호사로 일하던 중 3.1 운동에 참여한 뒤, 만주로 가 신흥무관학교의 간호사로 일했다. 윤정옥의 큰외삼촌 의사 안사영은 고모 이애시와 아주 특별한 인연이 있었다. 세브란스 병원에서 이애시의 직장 동료였던 안사영은 3.1 운동에 참여한 뒤 만주행을 택하고 신흥무관학교 병원에서 다시 이애시와 함께 일하였다.

　이이효재가 원산의 루시여고 재학 중에 한국어와 한국 역사를 비밀리에 가르치던 교사와 제자들이 일본 경찰에 발각이 나는 바람에 곤욕을 치렀던 일이 있었다. 그때 비밀 과외 지도교사였던 안시영은 윤정옥의 여섯째 외삼촌이었다. 일제 강점기 내내 윤정옥의 어머니 안덕영은 번갈아, 혹은 동시에 투옥된 다섯 명의 남동생들 옥바라지를 하느라 눈물이 마를 새가 없었다. 윤정옥의 아버지 윤성렬도 일본 경찰에 의해 불량선인으로 분류되어 감시 대상이었던지라 시도 때도 없이 가택 수색을 당해야만 했다. 이렇듯 유사한 토양에서 자라났던 두 사람은 생각도 정서도 꼭 닮아 있었다.

"해방이 되니 징병 징용으로 끌려간 이들은 저렇게 당당하게 돌아오는데 처녀 공출로 끌려간 처녀들은 왜 안 돌아오는 걸까?"

신입생 시절, 윤정옥의 의문이었다. 궁금하다 못해 그녀는 어느 날인가 스스로 답을 찾아 나섰다. 외국에서 돌아오는 이들이 가장 많았던 서울역으로 나가서 일본으로 혹은 동남아로 끌려갔다 돌아온다는 이들을 붙잡고 물었다.

"함께 끌려갔던 여성들은 어디에 있는지, 어떻게 되었는지요?"

누구도 속 시원한 답을 들려주지 않았다. 대부분 그저 모른다는 말이었고 대답을 피했다.

"그녀들은 위안부가 되었다오."

윤정옥이 들었던 대답이었다. 그는 그 당시 위안부라는 말의 뜻을 알지 못했다. 묻고 또 물어 정옥이 들었던 말은 "끌려간 여성들은 군수 공장에 간 것이 아니라 줄을 선 남자들에게 당했다", "해방이 되자마자 집단 학살당했다", "대부분의 경우에는 현지에 버려졌다"는 말이었다.

윤정옥은 그 뒤로 오랫동안 급변하는 현대사 속에서 그 의문의 답을 찾아 나설 겨를이 없었다. 전쟁과 피난살이, 곧이어 미국 유학길에 올랐고, 공부를 마치고 귀국하여 모교의 교수가 되었다. 그리고 내내 그 의문은 한쪽 구석으로 밀려나 있었다. 하지만 그때 들었던 충격적인 말과 꼬리를 이었던 의문이 완전히 잊히지는 않았다. 가끔씩 의문은 다시 떠올랐고 그렇게 수많은 여성들이 끌려갔는데 역사적으로 완벽하게 묻힐 수는 없을 거라고 생각했다.

윤정옥이 정신대라는 이름으로 끌려간 여성들에 대한 관심을 끈질기게 이어갔던 이유는 자신의 경험 때문이었다. 1943년, 그는 경기여고를 졸업하고 이화여전에 입학했다. 11월의 어느 날, 학교에서 1학년 학생들을 전부 본관 지하실 염색 교실로 모이라 했다. 그러더니 일본인이 들어와 모두에게 종이를 한 장씩 나눠주었다.

"모두 아래 귀퉁이에 지장을 찍으라."

학생들은 빽빽하게 인쇄된 글을 읽어볼 겨를도 없이 일본인의 지시에 따라 종이 오른쪽과 왼쪽 구석에 있는 네모 칸에 양손 엄지손가락 지장을 찍었다. 알고 보니 정신대 소집장이었다. 그때는 일제가 군수 공장에서 일을 시키려고 여성들을 데려가는 것으로만 알았다.

그 다음 날, 윤정옥은 자퇴서를 쓰러 학교에 갔다. 학교에는 이미 자퇴하려는 학생들로 장사진을 이루고 있었다. 자퇴서를 내고 곧바로 아버지를 따라 금강산 온정리로 대피해 있다가 그곳에서 해방을 맞았다.

윤정옥은 1970년대 후반, 일본 기자가 쓴 책 속에서 '종군 위안부'라는 말을 발견했다. 그 순간, 정신대에 끌려간 처녀들에 대해 알아보아야겠다는 의지가 되살아났다. 그 뒤로 윤정옥은 방학 때마다 일본의 오키나와, 홋카이도, 태국, 미얀마, 파푸아 뉴기니 등지로 정신대로 끌려갔던 이들을 찾아다니기 시작했다.

어떤 일의 시작을 거슬러 올라가다 보면 그 시작점이 어디인지 알 수 없다는 생각이 들 때가 있다. 평생 결혼하지 않고 공부하고 봉사하는 비혼의 삶을 선택하고 결국 정신대 할머니들의 한을 추적하게 된 윤정옥 삶의 시작은 어디였을까? 그는 유복한 가정에서 태어나 정신대로 끌려가는 것을 피하고 교육의 혜택을 받아 교수가 되었다. 그에게 이렇게 평생을 누리고 살아온 것에 대해 성서의 '빚진 자'라는 마음은 어떻게 형성되었을까? 윤정옥의 할머니가 고향에서의 구시대적 삶을 결별하고 상경하여 기독교라는 새로운 가치를 받아들이던 순간이 그 시작은 아니었을까?

윤정옥의 아버지 윤성렬은 1885년에 여주에서 출생하였다. 불행하게도 그는 태어난 지 4개월 만에 장티푸스로 아버지를 잃었다. 어머니 양씨는 졸지에 시어머니와 아이 넷의 생계를 책임져야 하는 가장이 되었다. 그녀가 할 수 있는 일이라고는 삯바느질밖에 없었다. 윤성렬은 아홉 살이 되던 해, 용인에 살던 큰아버지의 양자로 입적되면서 어머니와 헤어지게 되었다.

윤정옥에 따르며 할머니 양씨는 "본시 맹종하기를 거부하고 파격적인 면이 있던" 분이었다. 양씨는 여주에서의 곤궁한 과부의 삶을 정리하고 상경하여 정동교회

근처에 정착했다. 파격적인 면이 있던 그녀는 자연스럽게 새로운 세계관, 즉 기독교와 연결되었다. 영민했던 할머니는 곧 보구여관에서 간호 보조사로 일하게 되었다. 보구여관은 이화학당의 설립자이자 미국 북감리교 여성해외선교회가 파견한 메리 스크랜턴(Mary Scranton, 1832~1909)이 설립했던 우리나라 최초의 여성병원이었다. 더 나아가 윤정옥의 할머니는 우리나라 최초의 교회 여성단체인 정동교회의 '보호여회'의 회장으로 활동하기도 했다.

1897년, 윤성렬은 열세 살 때 양아버지 집에서 가출을 감행하여 서울로 올라와 어머니와 해후했다. 그리고 "기독교는 받아들일 생각은 추호도 없이 그저 신학문만 배울 생각으로" 배제학당에 입학했다. 그는 학생들 중 유일하게 근로 학생으로 학교 안의 인쇄소에서 일을 하며 고학으로 어렵게 공부를 하던 중 어머니의 권유로 기독교를 받아들이고 15세에 세례를 받았다.

1902년에 18세에 배제학당을 졸업한 그는 곧바로 감리교 선교사 로버트 샤프(Robert A. Sharp, 1872~1906)를 도와 함께 충청 지방을 순회하며 전도했다. 샤프 선교사

1901년 어느 선교사가 찍은, 우리나라 최초의 여성병원
인 보구여관에서 근무하던 시절의 양씨 부인.

의 아내 앨리스 샤프(Alice H. Sharp, 1871~1972)는 1905년
공주에서 충청 지방 최초의 여학교인 명선여학당을 열
었다. 이후 샤프 부인은 영명학교로 이름이 바뀐 명선
여학당에서 유관순을 만났다. 그녀는 총명한 유관순에
게 더 나은 교육을 시켜 지도자로 양성하기 위해 이화
학당으로 유학을 주선했다.

1906년 샤프 선교사가 발진 티푸스에 감염되어 요절한 뒤, 윤 목사는 프랭크 윌리엄(Frank Williams, 1883~1962) 선교사를 도와 공주에 중흥학교를 설립하고 그곳에서 영어를 가르쳤다. 1908년, 윤성렬은 스물네 살에 안석호의 장녀인 열여섯의 안덕영과 결혼했다.

윤정옥의 외할아버지 안석호는 망해가는 나라의 운명을 걱정하며 새로운 세계관에 목말라 하던 구한말의 양반이었다. 그는 우연히 길에서 서양 선교사의 설교를 들은 뒤 기독교에 관심을 가지게 되었다. 그때 설교를 하던 서양 선교사 곁에서 통역을 하던 윤성렬이 나중에 그의 사위가 되었다.

윤성렬은 26세 때인 1910년에 목사 안수를 받았다. 이후 미국 선교사 아서 노블(Arthur Noble, 1866~1945)을 도와 경기·강원 지방의 순회 전도에 열정을 다하기도 했다. 순회 전도를 위한 길 위의 삶을 이어가던 윤 목사는 위장병을 얻고 말았다. 시간이 갈수록 심해지는 위장병과 신경 쇠약으로 도저히 일상적인 생활이 불가능한 지경에 이르렀다. 1919년 가을, 그는 온가족을 이끌고 금강산 온정리로 요양을 떠났다.

윤 목사 가족은 처음에는 감리교 총리원에서 생활비 보조를 받아 생활했다. 서서히 건강이 호전되자 윤 목사는 총리원의 도움을 거절했다. 대신 자신의 영어 능력을 활용하여 금강산 온정리에 서양인들을 위한 여관을 열었다. 당시 한국인은 호텔이라는 말을 쓸 수 없었지만, 일본인이 하는 호텔보다 더 위생적인 환경에다 더 나은 음식은 여관업을 흥하게 하였다.

윤 목사는 경제적으로 여유를 얻게 되자 온정리에 교회와 학교를 세우고 상해임시정부에 독립 자금을 송금하면서 만주의 독립단을 돕기 시작했다.[33] 그 당시 그의 두 처남이 중국에서 독립운동을 하고 있었다. 1925년, 이곳에서 윤정옥이 태어났다. 1933년 윤 목사 가족은 서울로 이사했고, 홍파동에 금강여관의 경성분관을 운영했다.

정신대 소집장 사건으로 정옥이 자퇴서를 쓴 뒤, 가족들은 서둘러 다시 금강산으로 들어갔다. 이렇게 정옥

33 윤정옥, 『산초의 씨름』, 지식산업사, 1988, 94쪽

은 정신대 소집을 피할 수 있었다.

그곳에서 해방을 맞은 그 다음 날, 윤 목사는 서울로 떠났다. 남한을 점령한 미군 사령관 하지는 일본 총독부로부터 조선을 고스란히 넘겨받아 군정을 폈다. 윤 목사는 "내 나라 정부 수립에 도움이 되고자" 군정청 인사처에서 하지의 통역을 맡았다. 하지는 건국 준비 과정에서 인물을 선정하며 거물급의 친일파를 기용하려 했다.

"그 사람은 친일파입니다."

윤 목사는 정색을 하고 하지에게 말했다.

"일본을 배척하는 사람들은 미국도 배척합니다."

하지의 말에 격분한 윤 목사는 곧바로 사직서를 제출하고 그 다음 날부터 출근하지 않았다. 그 뒤로 윤 목사는 교회 개척과 피난민, 특히 전쟁고아들을 보살피는 데 전력을 다했다. 전쟁 이후 피난민들에게 식사를 대접하던 아버지가 1959년에 전쟁고아 5명과 함께 시작한 것이 은평 천사원이었다. 이곳은 오늘까지도 집 없는 천사들의 보금자리가 되어주고 있다. 이이효재의 부모가 뜻하지 않게 고아원을 운영하게 된 것과 같은 상황이었다.

"내가 가진 것이 남아서, 내가 준비가 되어 있어서 남에게 줄 수 있는 상태는 영원히 오지 않는다. 지금 이 상태에서 있는 대로 나누고 있노라면 그도 가지고, 배우고, 또한 나누고 있는 동안에 나도 자라는 것이다."

윤성렬 목사가 자식들에게 귀에 못이 박히도록 하던 말이었다. 평생을 소외된 자들을 도우며 예수의 삶을 전하고 가르치기 위해 교회가 없는 곳에 교회를 세우는 것을 자신의 사명으로 여기며 살아온 아버지였다.

1976년 윤정옥은 최영희의 부탁으로 박정희 유신 독재를 반대하는 시위를 주동하고 긴급 조치 위반으로 수배된 서울대생과 그의 애인을 집에 숨겨준 적이 있었다. 그들이 자신의 집으로 온 첫날 윤정옥은 정성을 다해 저녁상을 푸짐하게 차렸다.

"지금 이 시간을 결혼식이라 생각해요. 정식으로 결혼한 부부라 생각하고 예의를 지키고 서로 존중하며 평생을 함께하세요."

윤정옥은 결혼식도 올리지 못하고 도피 생활을 해야 하는 그들의 처지가 안타까웠다. 그녀는 독신으로 그 당시 부모님을 모시고 살고 있었는데 수배자들을 숨겨 줄 때 부모님은 반대하는 기색이 전혀 없었다. 그런데 전화가 도청되면서 그들이 숨어있던 사실이 발각이 나고 말았다. 정보부 직원이 들이닥쳐 윤 목사가 보는 앞에서 그 젊은이들의 팔에 수갑을 채워 끌고 갔다. 윤 목사는 그 장면에 충격을 받아 쓰러졌다. 그 뒤로 급격하게 건강이 나빠진 윤 목사는 회복하지 못하고 몇 달 후에 세상을 떠났다.

1970년대 후반에 센다 가코오라는 일본인 기자가 『통곡! 종군 위안부』라는 책을 출판했다. 그 당시 오키나와에 살고 있던 위안부 출신 배봉기 할머니의 이야기도 신문에 소개되었다. 그 무렵에 징용과 학병 출신 사람들이 자신의 경험을 기록한 『분노의 계절』이라는 책도 나왔다. 마침내 윤정옥은 정신대 관련 자료를 찾을 수 있으리라는 희망을 갖게 되었다.

1980년 12월, 윤정옥은 배봉기 할머니의 신문 기사를 들고 오키나와로 찾아갔다. 재일본조선인연합회의 도움으로 빈곤한 삶을 이어가던 배봉기 할머니는 성 노예 시절의 충격에서 얻은 극심한 대인 기피증과 결벽증 증세로 고통 받고 있었다.

윤정옥은 일본군에 의해 태국으로 강제로 끌려갔다가 귀국하지 못한 채 그곳에 살고 있던 노수복 할머니도 찾아내었다. 그들은 고향을 그리워하고 있었으나 스스로를 고향으로 돌아갈 수 없는 운명으로 규정하고 있었다. 가슴 아픈 만남들을 토대로 1981년《한국일보》에 정신대 할머니들을 찾아다닌 기록을 연재했다. 그러나 사람들은 별다른 반응을 보이지 않았다.

1987년 말이었다.

"윤 선생, 한국교회여성연합회에서 서울올림픽에 앞서 기생 관광 반대 운동을 지지하는 국제 세미나를 준비하고 있어. 거기서 그동안 조사해온 정신대 문제에 대해 발표를 해보는 것이 어떨까? 기생 관광은 현대판 정신대라고도 볼 수 있잖아."

당시 여성교회연합회의 평화통일위원으로 활동하던 이이효재가 윤정옥에게 말했다. 이이효재는 정신대로 끌려간 여성들에 대한 윤정옥의 조사 내용을 소상하게 알고 있었다.

"20세기에 일어난 이 끔찍한 일이 왜, 어떻게 일어났는지 얼마나 끌고 갔는지, 또 무슨 짓을 했는지 제대로 밝혀지고 응징했더라면 오늘날 젊은 여성들이 몸을 팔아 외화벌이에 나서는 일은 많지 않았을 것이야."

윤정옥의 믿음이었다. 한국교회여성연합회는 1967년 결성 이후부터 성매매 문제와 기생 관광 문제를 고발해 오고 있었다. 기생 관광은 독재 정부의 외화 획득을 위한 관광 정책의 산물이었다.

이이효재는 기생 관광 조사에 한창이던 한국교회여성연합회에 윤정옥 교수를 소개하면서 함께 정신대 실태 조사를 해볼 것을 권유했다. 두 사람은 외화를 벌기 위해 일본인 관광객들에게 가난한 여성들의 몸을 팔게 하는 기생 관광은 현대판 정신대라는 인식을 공유하고 있었다. 곧바로 한국교회여성연합회는 정신대 문제 답사 팀을 구성하고 조사위원을 임명하여 일본으로 파송하기로 했다.

1988년 2월 12일부터 보름 동안 윤정옥, 김신실, 김혜원은 오키나와, 규슈, 홋카이도, 도쿄, 사이타마현까지 정신대의 발자취를 찾아 나섰다. 8월에는 윤정옥 혼자

500차 수요집회에 참석해 발언하는 윤정옥 교수.
ⓒ정의기억연대

홋카이도와 태국을 답사하고, 이듬해에는 파푸아 뉴기니 등도 답사했다.

1988년 4월에 제주도에서 한국교회여성연합회가 주최한 국제 세미나 '여성과 관광 문화'에는 10개국에서 130여 명이 참가했다. 윤정옥은 이 세미나를 통해 정신대에 관한 그간의 조사 내용을 발표했다. 일본군 성 노예 문제가 거론된 최초의 공식적인 국제 세미나였다.

참석자들의 충격과 놀라움은 말로 표현할 수 없었다. 여기저기서 울음소리가 들려왔다. 세미나 이후 이 문제를 더 이상 묻어두어서는 안 된다는 한국과 일본 여성들의 공감대가 형성되면서 한국교회여성연합회 안에 정신대연구위원회가 설치되었다.

윤정옥은 그간 답사한 홋카이도, 오키나와, 타이완, 파푸아 뉴기니 취재기를 《한겨레》 신문에 연재했다. '정신대 원혼 서린 발자취 취재기'라는 제목의 연재 기사는 커다란 반향을 일으켰다. 그 바탕에는 민주화 운동을 통하여 여성들의 역량이 성장하면서 형성된 여성 인권 회복 운동의 흐름이 있었다. 1987년 부천서 성고문 사건을 통하여 여성의 성폭력 문제가 사회 문제라는 인식이 자리 잡혀 있던 영향도 컸다.

1980년대 후반까지 여성 운동은 민주화 운동과 통일 운동 등 남성 중심적 사회 운동에서 독립하기 힘들었다. 하지만 격렬한 민주화 투쟁 속에서 성폭력, 직장 내 성차별 문제 등 여성 문제는 독자적으로 꾸준히 제기되었다. 그리하여 1987년 2월, 한국여성단체연합이 결성되었고 이는 변혁 지향적 여성 운동의 등장을 알리는 신호탄이었다.

1990년 대학에서 퇴직한 이후 한국여성단체연합의 대표를 맡은 이이효재는 윤정옥의 정신대 연구를 한국교회여성연합회와 연결시켰다. 이는 일본군 성 노예 문제를 해결해나가는 운동의 출발점이었다. 이리하여 윤정옥, 한국교회여성연합회, 그리고 한국 여성 운동이라는 세 흐름의 접점에서 정신대 운동의 틀이 만들어졌다.[34] 그동안 개인적 연구와 다소 소극적으로 사회 운동에 참여해오던 윤정옥에게 본격적인 사회 운동가로서의 새로운 인생이 시작되는 시발점이기도 했다.

••

34 한국정신대문제대책협의회 20년사 편찬위원회, 『20년사: 한국정신대 문제대책협의회』, 한울, 2014, 42쪽

13. 역사를 바로 세우기 위해
여성들이 팔을 걷어붙이다

정신대로 끌려갔다가 전쟁이 끝난 지 반세기가 되도록 고향으로 돌아오지 못하고 이국땅에서 원통한 삶을 이어가는 여성들이 있다면, 국내에도 가슴에 피멍을 안고 살아가는 억울한 이들이 많이 있을 터였다.

"일본군에게 끌려갔다 돌아와서도 숨죽이고 살고 있는 이들의 목소리를 우리가 찾아주어야만 해."

이이효재와 윤정옥은 그들의 억울함을 풀어주는 일은 동시대를 살아온 이로서 자신들이 당연히 갚아야 할 빚이라 여겼다. 두 사람은 좋은 집안에 태어나서 정신대로 끌려가지 않은 것도, 최고 교육을 받아 교수가 된 것도 자신들이 특별히 뛰어나서가 아니라고 생각했다.

하지만 그 일이 마음처럼 쉽고 빠르게 이루어지지는 않았다. 일본군 성 노예 피해자들이 50년 동안의 침묵을 깨고 직접 나서 자신들의 경험을 공개적으로 밝히고 보상을 요구하기까지는 긴 시간이 필요했다.

1990년, 윤정옥은 이화대학 학생들을 중심으로 정신대 문제연구회를 조직하였다. 이화대학 안에 여성학자 집단이 형성되어 있었기에 가능한 일이었다. 우리나라 여성학은 1974년 한국기독교장로회 선교교육원에서 이이효재가 한 여성학 강의가 시발점이라고 볼 수 있다. 이후 1977년 이화대학 안에 여성학 강의가 신설되었고, 1984년에 한국여성학회, 1989년에는 한국여성연구소가 설립되었다.

정신대 문제연구회는 이후 정신대 문제연구소로 발전했고, 마침내 중국에서 일본군 성 노예 피해자를 찾아내 증언을 채록하고 일본 정부에 조사를 요청했다. 동시에 우리 정부를 향하여 진상을 규명하고 일본 정부에게 사죄와 배상을 요구하라고 압박했다.

1990년 11월 16일, 여성단체연합에 참여하던 여성단체들은 이 문제에 대해 효율적으로 대처하기 위해 한국

서울 마포에 위치한 정대협 사무실에서 이이효재 공동대표가 간사들과 함께 '정신대 문제 공동 해결을 위한 아시아 지역 7개국 연대회의' 준비 사항을 점검하고 있다.
ⓒ연합뉴스

정신대문제대책협의회(이하 정대협)를 결성했다. 이이효재와 윤정옥은 37개에 이르는 한국의 거의 모든 주요 여성단체가 가입한 이 협의회의 공동대표가 되었다.

일본 정부는 정신대 문제에 대한 일본군의 조직적 개입을 전면 부정했다. 한국 정부 또한 아무런 조처도 취하지 않았다. 정대협은 여섯 가지를 요구했다.

1. 조선인 여성들을 종군 위안부로 강제 연행한 사실을 인정할 것

2. 그 사실에 대해 공식적으로 사죄할 것

3. 만행의 전모를 스스로 밝힐 것

4. 희생자들을 위한 위령비를 세울 것

5. 생존자와 유족자들에게 배상할 것

6. 이러한 잘못을 되풀이하지 않기 위해 역사 교육을 통해 이 사실을 가르칠 것

이이효재, 윤정옥, 조화순 등 대표단은 기자 회견을 마친 다음, 일본 대사관을 방문해 일본 정부의 왜곡 발언을 항의하고 요구 조건을 담은 항의서를 전달했다. 이를 계기로 일본군 성 노예 문제는 공론화되기 시작했고, 문제 해결을 위한 운동이 본격적으로 시작되었다.

일본 정부가 정대협의 공개서한에 대한 답변을 회피하는 와중에 1991년 1월, 일본의 가이후 도시키 수상이 우리나라를 방문했다. 정대협에서는 가이후 수상의 방

문에 반대 의견을 표시하고 일본 정부에 다시 이 문제에 대한 성실한 답변을 요구하는 집회를 열었다.

일본 정부는 가토 관방장관의 입을 빌려 "일본 정부로서는 대처하기 곤란하다"고 간단하게 답하고 넘어갔다. 정대협은 일본 정부의 무성의한 태도에 분노하며 일본 총리가 한국을 방문했던 날로부터 1년이 되는 1992년 1월 8일부터 '수요집회'를 열기로 결정했다. 일본 정부가 무릎을 꿇을 때까지 매주 수요일에 진행하기로 한 수요집회는 2019년 8월 14일 1,400회를 넘겼고, 전 세계에서 가장 오래된 시위라는 전무후무한 기록을 매주 갱신해나가고 있다.

이이효재와 윤정옥은 수요집회 초기 매주 수요일이면 일본 대사관 앞에서 목소리를 높였다. 가까이 지내던 이들조차 이들의 외침에 귀 기울이지 않는 이들이 대다수였다. 일본 대사관 옆에 있던 한국일보사에 근무하던 후배 장명수조차 잘 알고 지내는 두 선배와 눈이 마주쳐도 그냥 스쳐 지나갔다. 서운하기 그지없었다.

일제가 일본군 성 노예 제도를 시행한 것은 점령지 안에서 일본군의 주민에 대한 강간이 큰 문제가 되었기 때문이었다. 군인들이 직업적인 성매매 여성들과 접촉하면서 성병에 감염되어 군사력 저하를 가져오기도 했다. 또한 그들은 성 노예 제도를 시행하면서 외부인과의 접촉으로 군사 기밀이 누설되는 것을 막으려 했다.

역사상 어느 나라 군대도 공공연하게 위안부를 동반하며 전쟁을 치른 경우가 없었다. 오로지 일본군에만 있었던 '특수 현상'이었고 위안부로 끌려온 여성들은 대부분 점령지의 십 대 소녀들이었다. 그중 대부분은 우리나라에서 강제로 끌고가거나, 돈을 벌게 해준다며, 또 공부를 시켜준다며 속여 데리고 간 가난한 가정의 소녀들이었다.

사실 일본군 성 노예 문제는 우리나라뿐만 아니라 북한, 중국, 대만, 필리핀 등 제2차 세계 대전 때 일본이 지배했던 모든 나라에 걸쳐 있는 문제였다. 그 점에서 이 문제는 아시아 여성들의 문제이기도 했다.

정대협의 운동은 여성 인권 운동이자 세계 평화 운동, 통일 운동이 되어갔다. 1991년 11월과 1992년 9월 서울과 평양을 오가며 '아시아의 평화와 여성의 역할'

토론회가 열렸다. 이는 민간 차원의 남북 교류 운동에 획기적인 사건이었다. 그 당시 상황에서 남북 교류는 무척 어려운 일이었다. 아시아의 평화와 여성이라는 주제에다 정신대 문제라는 공통적인 이슈가 있어 북한 여성들의 참여도 이끌어낼 수 있었다.

이 토론회는 일본 여성들의 도움에서 시작되었다. 1988년 당시, 한국여성단체연합의 회장이던 이우정은 일본의 히로시마에서 열린 평화 집회에 참가했다. 그곳에서 이우정은 당시 일본부인회 회장이었던 시미즈 스미코에게 한탄하듯 말했다.

"우리 남북한 여성들은 40년간 전혀 만나지 못해서 나는 북한 여성들이 어떻게 지내는지 알 수가 없어요."

"우리 일본인들은 남북한을 자유롭게 드나드는데 남북의 동족끼리 전혀 만난 적이 없다는 게 놀랍군요. 조선을 식민 지배했던 일본 여성들이 사죄하는 마음으로 남북한 여성들의 만남을 주선해보아야겠어요."

이 약속은 3년 뒤에 지켜졌다. 양심적인 일본의 여성 정치인들과 여성단체들이 '아시아의 평화와 여성의 역할'이라는 주제의 심포지엄을 계획하고 남북한 여성들을 초대했다. 남한의 대표로 이우정 당시 신민당 수석 최고위원, 이이효재 한국여성단체연합 대표, 윤정옥 한국정신대문제대책협의회 공동대표 등이 참석했다. 북한에서는 여운형[35]의 딸이자 북한 최고인민회의 부의장 려연구와 두 명의 여성이 참여했다. 이들은 일본 식민 지배에 대한 반성의 필요성, 일본군 성 노예 문제 해결, 남북 통일을 위한 제안 등에 대해 열정적인 토론을 벌였다.

"이런 모임은 통일될 때까지 계속해야 해요. 다음 모임은 서울에서 했으면 좋겠군요."

이우정이 한마디 던졌다.

"그 다음에는 평양에서 하지요."

북쪽 대표 려연구가 받았다.

첫 심포지엄으로부터 6개월이 지난 뒤, 서울에서

35 일제 강점기와 광복 후에 활동한 독립운동가이자 정치가이다. 1945년에 일제가 항복 후, 조선건국준비위원회를 결성해 정부 수립을 준비했다. 하지만 미군정이 들어오면서 조선건국준비위원회는 해체되었다. 이후 그는 통일을 위해 좌우 합작 운동에 앞장섰고, 평양을 방문해 김일성과 회담을 갖기도 했다. 1947년에 한지근이라는 우익 청년에게 암살당했다.

이
이효재

1992년 '아시아의 평화와 여성의 역할' 평양 토론회에 참석한 남측 및 일본 대표단이 평양인민문화궁전 2층 기자회견실에서 북측 생존 위안부 리복녀 등 3명으로부터 일본군에 끌려가 당한 만행에 대해 증언을 들은 뒤 이이효재 남한 대표가 악수하며 격려하고 있다. ⓒ연합뉴스

1991년 11월 25일 '제2차 아시아의 평화와 여성의 역할' 토론회가 열렸다. 해방 이후 처음으로 국내에서 남북한 여성이 함께하는 자리였다. 려연구 등 15명의 북한 대표, 시미즈 스미코 당시 일본 참의원 의원 등 3명의 일본 대표, 재일대한기독교회 부인회 회장 김정녀 등 8명의 재일동포 대표가 참여했다.

한국 대표 중 당시 한국가정법률상담소 소장 이태영

은 북한의 려연구 단장과 인연이 깊었다. 1935년, 이태영은 이화여전 졸업반에 재학 중이었다. 려연구의 아버지 여운형은 조선중앙일보 사장으로 재직 중 제1회 전조선여자전문학교 웅변대회를 개최했다.

이태영은 19세기 말 노르웨이 작가 입센이 쓴 『인형의 집』에 등장하는 로라가 제1세의 인형이었다면, 조선 여성은 '제2세의 인형'이라며 조선 가부장제 속 여성의 위치에 대해 열변을 토했다. 이태영은 로라가 집을 나갔다면 제2세 인형인 조선 여성들은 남편을 집에서 내쫓아버릴 것이라는 강력한 발언을 했다. 연설을 듣던 남자들이 발을 구르고 삿대질을 하며 당장 내려오라고 폭언과 욕설을 퍼부었다.

청중들의 반응에 낙담했던 이태영은 1등상이라는 예상 밖 결과에 깜짝 놀랐다. 심사위원이었던 여운형이 직접 이태영에게 시상했다. 며칠 뒤, 이태영이 더 깜짝 놀랄만한 일이 일어났다. 여운형이 학교 기숙사로 이태영을 찾아와 수양딸로 삼고 싶다고 했기 때문이다. 가까이 두고 여성 지도자로 키워나가려 했던 것이 분명했다. 하지만 일제 말기의 탄압 속에서 두 사람 모두 악전

고투해야 했고 1947년, 현대사의 격랑 속에서 여운형이
암살되는 바람에 두 사람의 개인적 인연은 이어지지 못
했다.

이화여전 동문이기도 했던 이태영과 려연구는 1985
년에 케냐의 나이로비에서 열린 세계여성대회에서 각
각 남북한의 여성 대표로 처음 만났다. 그때 이태영은
개인적 인연에 대해 이야기하면서 서울에 있는 여운형
선생의 묘지 사진을 보여주었다. 반대로 평안북도 운산
이 고향인 이태영의 경우엔 부모님의 묘지가 북한에 있
었다. 이렇듯 만나면 서로 개인적인 인연의 끈을 찾아
낼 수 있을 만큼 남과 북의 거리는 가까웠다.

1991년 서울 토론회에 온 려연구는 아버지의 묘소를
참배하며 오열했다. 남북의 만남은 분단이 쌓은 벽의
두께를 확인하는 자리였지만 동시에 동질감을 확인하
는 자리이기도 했다. 남침이다 북침이다 도저히 합의할
수 없는 불일치에 답답함을 느끼던 차에 려연구가 「심
장에 남는 사람」이라는 노래를 불렀다. 인연의 소중함
을 담은 그 노래 가사는 분단의 아픔과 통일의 열망으
로 들리기도 했고, 어딘지 익숙하고 구성진 가락은 남

쪽의 여성들에게 잔잔한 감동을 주었다. 통일에 다가가려면 이렇게 더 자주 만나서 서로의 노래라도 함께 부르며 정서적 일치를 이루고 공감할 수 있는 것들을 더 많이 찾아 공유해야할 것이었다. 특히 정신대 문제는 남북이 한 치도 다름없이 하나 될 수 있는 문제였다.

1992년 3월, 북한에서 일본 참의원 시미즈 스미코를 통해 토론회를 열자고 연락했다. 일주일 후 이우정, 려연구, 시미즈는 도쿄에서 만나 평양 토론회에 대해 의논했다.

드디어 1992년 9월 1일, '제3차 아시아의 평화와 여성의 역할' 토론회에 참가하는 여성들은 평양으로 가는 버스에 올랐다. 같은 해 4월에 완공된 개성 - 평양 고속도로를 처음으로 달리는 남한의 국민들이었다. 이태영, 이우정, 이이효재, 윤정옥, 조화순, 한명숙, 이미경 등 30명의 대표단은 여성들의 힘으로 답답하게 닫혀 있던 남북 관계에 역사적인 진전을 이루어내었다는 점에서 자부심으로 가슴이 뿌듯했다.

대표단이 평양행 버스에 오르기까지 우여곡절도 있

었다. 정부가 1970년대 여성 노동 운동가들의 대모였던 조화순 목사의 방북을 막고 나선 것이 가장 큰 난관이었다. 이우정을 중심으로 한 대표단 여성들이 조화순 없이는 평양 방문을 취소하겠다고 맞서 겨우 통일원 관계자들을 설득할 수 있었다.

토론회가 진행되는 과정도 매끄럽지 않았다. 북쪽 대표가 남한의 미군 주둔에 대해 문제 제기를 하면서 이 문제를 포함한 공동 합의서를 채택하자고 우겼다. 또 통일을 위한 남북 여성 조직을 만들자는 제안도 했다. 남한의 대표들은 이런 문제에 대해서는 단호히 반대했다.

평양 토론회는 남과 북의 일본군 성 노예 생존자들이 서로 부둥켜안고 함께 서러움을 나누고 위로하는 만남의 장이 되었다. 토론회를 통하여 합의된 사항은 일본군 성 노예 문제를 남북 여성 공동 사업으로 하고 일본에게서 공식 사죄를 받아낼 것, 서울과 평양, 도쿄 협의체를 구성해 남북 여성 교류를 정례화 하는 것 등을 담은 합의문을 채택했다. 협의체는 '아시아의 평화를 위한 여성의 역할 실행 위원회'라 부르기로 했다.

우리나라 대표단 여성들은 북한 여성들의 의식 수준에 실망하기도 했다. 사회주의 국가를 표방하고 있는 나라임에도 여성들은 정작 사회주의 여성 해방 운동 이론에 대한 기본적인 인식조차 없었다. 그들은 주체사상을 바탕으로 국가사회주의나 가부장제에 대해 무비판적으로 수용하며 살아가고 있는 것처럼 보였다.

김일성 주석은 남한의 대표단을 직접 면담하는 친절을 베풀었다. 그 자리에서 윤정옥은 북한의 정책에 대해 반대하는 의견을 제시하여 곁에 있던 북한 인사들을 깜짝 놀라게 했다.

"주석님, 저는 금강산에서 태어났습니다. 그런데 금강산에 케이블카를 놓는다는 이야기를 들었습니다. 케이블카를 설치하게 되면 금강산의 자연환경이 훼손되고 생태계가 파괴되지 않을까요? 다시 한 번 생각해주셨으면 합니다."

그들은 노약자들을 위한 배려가 필요하다는 시대적 요청으로 금강산에 케이블카를 설치하기로 계획했다며 그것을 자랑하고 있었다. 윤정옥의 의견이 정말 받아들여졌던 것이었는지 알 수 없으나 결국 금강산에 케이블카는 설치되지 않았다. 만약 윤정옥의 의견이 받아들여진 것이라면 그 만남은 금강산의 환경을 지키는 데에도 기여했다고 볼 수 있다.

회담을 마치고 떠나는 날 아침, 김일성 주석이 대표단을 오찬에 초청했다. 남북한 여성들이 함께 김일성 주석을 만나 악수를 나누었다. 그런데 북한의 여성 대표들이 김일성 주석 앞에 서자 감격하면서 울음을 터트렸다. 이이효재는 그 장면에 이질감을 느끼면서도 전날 북한 대표단의 여성에게서 들었던 이야기가 떠올라 그럴 수도 있겠다는 생각을 했다.

"저와 제 남편은 전쟁고아 출신입니다. 수령님께서 저희를 거두고 입히고 먹이면서 대학교육까지 시켜주셨어요. 수령님께서는 명절날이면 고아원으로 우리를 꼭 찾아와주셨습니다. 우리뿐 아니라 우리 자식들까지도 수령님 덕택에 무료 교육을 받고 있습니다."

빈말은 아닌 게 분명했다. 북한 사회는 오랜 시간에 걸쳐 정치 지도자와 국민을 부모와 자녀 같은 관계로 만들었다. 그러니 직접 마주하면 감격하여 눈물이 나고 황공한 것이다. 우리 눈에는 이질적이고 이해할 수 없어 보이는 행동도 그 나름의 역사가 있다고 생각하니 무조건 비판적일 수는 없었다.

언젠가 이이효재가 체코를 방문했을 때 들었던 이야기도 생각났다. 북한과 사회주의 형제국을 표방하던 체코는 3,000여 명의 6.25 전쟁고아들을 데려다 10여 년 가까이 양육과 교육을 제공했다고 한다. 북한은 전쟁고아들을 입양시키지 않고 한국인 보모들을 딸려 동유럽 국가들로 보내 양육을 위탁했다. 그들은 한국인 보모들의 도움 속에서 자라며 교육받고 기술을 습득하여 엘리트로 성장했다. 국가 지도자를 어버이로 각인시킨 이데올로기 교육은 박정희보다 김일성이 먼저 시작한 일이었다. 전쟁의 책임이 미국과 남한에게 있다고 세뇌시키고, 전쟁고아들에게 김일성은 아버지의 이미지로 각인시켰다. 그런 점에서 북한 정권은 유교적인 사회주의 국가라 할 수 있었다.

전쟁을 겪은 세대에게서 국가 지도자를 어버이로 여기는 사고방식을 바꿀 수는 없는 것이라 생각했다. 남북이 더 자주 만나서 정신대 문제와 같은 한목소리를 낼 수 있는 동질적인 요소를 찾아내고 더 많이 소통하는 수밖에 없었다. 오찬은 여성 대표들과 김일성 주석이 함께 손잡고「우리의 소원은 통일」을 합창하는 것으로 화기애애하게 마무리되었다.

이이효재는 자본주의를 택한 남한 정권이나 사회주의를 택한 북한 정권 모두 가부장제적 권력 구조를 가지고 있음을 눈으로 확인하고 나니 가슴이 답답해졌다. 여성들이 독립적이고 자주적인 삶을 살아가기 위해서는 경제적 독립이 필수적이라는 생각이 들었다. 여성들의 힘으로 여성 은행 같은 것을 만들면 어떨까 하는 생각도 들었다. 경제적으로 어려운 여성들이 작은 규모의 사업을 할 수 있도록 자금을 지원하고, 그들에게 여력이 생겼을 때 되갚는 여성들의 기금이 있다면 얼마나 좋을까. 그러다가 북한의 자매들에게도 도움을 줄 수 있다면 더할 나위 없이 좋을 것이다. 남북한 간의 경제적 격차가 있으니 남한에서는 아주 작은 액수도 북한에서는 훨씬 큰 도움이 될 수 있지 않을까.

어느 정도 신뢰를 쌓고 문제 해결점을 찾아가는 본격적인 교류가 시작되는 듯했던 3차 만남의 희망은 4차 만남을 끝으로 좌절되고 말았다. 북한이 1993년 핵확산

방지조약을 탈퇴하는 바람에 남북 관계가 냉각되었다. 1993년 4월 24일부터 30일까지 열린 토론회에서 북한 대표들이 일본과 우리 정부의 대북정책에 불쾌감을 표시하는 바람에 합의문도 못 내고 끝나고 말았다.

1994년 7월, 김일성 사망 이후 남북 관계는 더욱 어려워졌고 서울에서 열리기로 되어 있던 5차 토론회는 흐지부지되었다. 하지만 상황이 바뀌면 언제든 다시 흐름을 이어갈 토대를 여성들이 주도하여 만들었다는 점에서는 큰 진전이었다.

14. 일본군의 파렴치한 만행을 전 세계에 알리다

1990년, 정신대대책협의회를 발족시킨 뒤 활동가들은 한국과 일본 정부를 상대로 고군분투하고 있었다. 일본 정부는 그렇다 쳐도 한국 정부의 태도는 너무도 실망스러웠다.

이이효재와 윤정옥은 이 문제를 가지고 외교부를 찾아갔다. 그 당시 정부를 대변하여 면담에 응했던 외교부의 관료는 나중에 유엔 사무총장이 된 반기문 국장이었다.

"이 문제는 한일협정으로 이미 해결된 문제입니다. 요즘 겨우 일본과 좋은 관계를 유지하고 있는데 이런 문제를 제기하여 한일 관계가 다시 어그러지면 안 됩니다."

이이효재는 그의 답변에 분노가 치밀어 올랐다.

"당신은 한국 외교관이오, 일본 외교관이오?"

한국 외교부가 이 지경이니 일본의 경우는 말할 수조차 없었다. 일본 정부는 초지일관 정신대 소집에서 국가의 개입을 전면 부인했다. 이런 상황을 돌파하기 위해 가장 절실하게 필요했던 것이 사실을 생생하게 증언할 피해자의 등장이었다.

그 당시에는 일본 오키나와의 배봉기 할머니와 전쟁 후 태국에 낙오되었던 노수복 할머니를 빼고는 피해자임을 밝힌 사람이 국내에 없었다. 정대협의 회원 단체인 한국교회여성연합회는 1945년 일본에서 원자폭탄의 피해를 입고 귀국한 이들을 보살피고 있었다.

"원폭 피해자들이 정신대 피해자들과 연배가 같으니 그쪽을 통해 수소문해보면 찾아낼 수 있지 않을까요?"

한국교회여성연합회의 활동가들은 이런 점에 착안하여 정신대 피해자들을 찾아 나서기로 했다. 1991년 7월, 한국교회여성연합회에서 히로시마 원자폭탄 투하의 날 행사를 준비하며 원폭 피해자 2세들이 반전, 반핵,

평화 마당극을 연습하던 날이었다. 원폭 피해자 할머니 한 분이 처음 보는 할머니 한 분을 동반하고 나타났다.

"이분이 당신들이 찾던 그 사람, 정신대 할머니요."

윤영애 한국교회여성연합회 총무는 기대감에 차서 그분을 모시고 조용한 방으로 들어갔다. 한동안 아무 말 없이 차만 마시던 할머니가 드디어 입을 열었다.

"나는 김학순이요. 요즘 신문을 보니 나 같은 사람이 시퍼렇게 살아 있는데 천인공노할 저놈들이 그렇게 거짓말을 하니 더 이상 참을 수가 없소. 나는 남편도 자식도 없고 오직 나 홀몸이니 거칠 것도 없고, 그 모진 삶 속에서 하늘이 오늘까지 나를 살려둔 것은 이를 위해 그런 것 같으니 내 말을 다 하리다."

김학순 할머니의 증언이 어찌나 충격적이었던지 실무자들은 할머니에게 공개 증언을 권할 수조차 없었다. 도리어 할머니가 실무자들에게 용기를 주어 8월 14일 드디어 생존자 증언이 이루어졌다.

"그때 당했던 일이 하도 기가 막히고 끔찍해 평생 가슴속에만 묻어두고 살아왔지만 언젠가는 이 사실을 밝혀야 한다는 맘을 갖고 있었소. 그래서 이제라도 일본

대한민국
여성 운동의
살아 있는 역사

의 죄상을 밝히려 나섰습니다. 일장기만 보아도 울렁거리고 정신대 '정'자만 들어도 숨이 콱 막혔습니다. 꼭 이 한을 풀고 싶었습니다."

김학순 할머니는 기자 회견을 통해 피맺힌 한을 토했다. 어려서 아버지를 잃고 홀어머니 아래서 자라던 김학순은 어머니가 재혼하면서 어느 집의 양녀가 되었다. 그런데 열여섯 되던 해에 양아버지와 함께 북경에 갔다가 일본군에 의해 강제로 끌려갔다.

"낮에는 탄약 운반, 식사 준비, 세탁, 간호부로 부려먹고 밤에는 일본군에게 성폭행을 당하는……. 몸서리치는 생활이었어. 몇 번이나 도망치려다 다시 붙잡혀 끌려왔어. 끝없이 매를 맞는 동물만도 못한 생활이 계속되었지."

김학순 할머니의 충격적인 이야기는 전 국민에게 충격을 주었다. 김학순 할머니의 용기에 힘입어 다른 할머니들도 나서기 시작했다. 국내는 물론 필리핀, 네덜란드 등 해외에서도 피해 신고를 하고 증언하기 시작했다. 이날을 기념하여 2012년부터 매년 8월 14일은 '일본군위안부 피해자 기림의 날'로 지정되었다.

1992년 1월에는 일본에서 요시미 요시아키 교수가 방위청 도서관에서 육군성의 기밀문서를 발견했다. 이로써 중일 전쟁과 태평양 전쟁에서 일본군이 위안소를 설치하고, 종군 위안부 모집 등을 지시 감독했다는 사실이 증명되었다.

피해자 할머니들의 증언도 이어졌다. 정서운 할머니의 증언은 많은 이들을 분노하게 했다.

"우리 아버지는 항일 정신이 강해서 끝까지 창씨개명을 하지 않았지요. 일제가 놋그릇을 공출할 때 땅을 파고 숨겼는데 이 사실이 알려져 아버지가 일본 경찰에게 끌려갔어요. 마을 구장이 오더니 내가 정신대 나가면 아버지가 집으로 돌아오실 수 있다고 해서……."

곤경에 처한 아버지를 구하겠다는 열세 살 어린 소녀의 순수한 마음까지 이용한 악랄한 일제였다.

"모두 속임수라는 것은 꿈에도 몰랐어. 일본 공장에 가서 일하면 돈도 벌고, 아버지도 나올 수 있다 해서 기쁜 마음으로 자원했지. 그런데 일본, 대만, 싱가포르를 거쳐 인도네시아의 전쟁터까지 끌려가서 하루 평균 수십 명의 일본놈들에게 짓밟히게 될 줄 상상이라도 했겠

느냐구? 반항하면 담뱃불로 지지고, 강제로 마약 주사를 놓고……."

할머니의 증언을 들은 사람들은 누구나 몸서리를 쳤다.

"하늘나라에선 위안부 악몽을 더 이상 꾸고 싶지 않아."

정서운 할머니가 2004년 2월 26일 숨을 거두며 남긴 유언이었다.

1991년 9월, 한국교회여성연합회가 '정신대 신고 전화'를 개설한 이후 최종적으로 위안부 피해자로 정부에 등록된 할머니들은 239명에 이르렀다. 할머니들은 전쟁이 끝나고 귀국한 이후에도 대부분 정상적인 삶을 회복하지 못한 상태였다. 소문이 나서 결혼이 불가능했고, 숨기고 결혼한 뒤에 정신대 전력이 밝혀지면서 이혼당한 경우도 허다했다. 성병, 불임, 심리적인 불안증 등 복합적인 병으로 모두가 심하게 고통당하고 있었다. 피해자로 신고한 뒤에도 할머니들은 가족이나 친척, 이웃에게 알려질까 전전긍긍하면서 죄인처럼 부끄럽다

1991년 9월 18일 정신대 신고 전화 개통식 장면. 윤정옥 교수가 가운데 서서 식을 진행하고 있다.　　　　　　　　　　　ⓒ정의기억연대

며 고개를 들지 못하는 경우가 대부분이었다.

"강제로 그렇게 되었다 해도 몸을 지키지 못했으니 죄인이지."

할머니들의 한결같은 태도였다. 첫 번째 증언자 김학 순 할머니조차 처음에는 수요시위 때마다 카메라에 잡 힐세라 챙이 넓은 모자를 눌러쓰고 맨 뒷자리에서 어깨 를 웅크리고 있곤 했다.

"할머니들은 죄인이 아니에요. 일본 정부가 계획한

대한민국
여성 운동의
살아 있는 역사

범죄의 피해자들일 뿐이에요. 할머니들이 씩씩하게 나서서 잘못된 역사를 바로잡는 것이 할머니들의 한을 푸는 길이에요."

정대협 활동가들은 할머니들을 끊임없이 설득하고 용기를 북돋았다. 시간이 지나면서 태도가 바뀐 김학순 할머니는 1997년 12월 돌아가시기 얼마 전까지 시위대 맨 앞줄에서 목소리를 높였다.

"너희가 사죄할 때까지 나는 절대 죽지 않는다."

할머니들은 시간이 갈수록 억울하지만 돈이라도 받아서 궁핍에서 벗어나고자 했던 처음의 생존 욕구에서 벗어나게 되었다. 잃어버린 명예를 되찾는 일이 곧 정의를 세우는 일이고, 그러기 위해서는 일본의 공식 사죄가 필수적이라는 사실도 깨닫게 되었다.

할머니들의 태도가 바뀌기까지 이이효재와 윤정옥은 오해를 많이 받았다. 정부에서 월급을 받고 일한다거나 일본에서 배상금을 탄 뒤에 수고비를 받으려 한다는 등의 억울한 소리도 들었다. 일본어에 유창한 윤정옥에게 친일파였을 거라든가 자기들을 팔아서 일본에 가서 돈을 번다는 등의 헛소문을 퍼뜨리는 할머니들도 있었다. 심지어는 이이효재와 윤정옥을 사기꾼이라며 청와대에 민원을 넣어 검찰 조사를 받기도 했다. 이때 이이효재는 할머니들에게 상황을 설명하며 크게 야단을 쳤다. 정신대 할머니들의 자취를 수십 년 동안 찾아다니며 연구하고, 국제 운동으로 이끌어간 윤정옥, 이이효재 두 사람 모두 사비를 털어 활동하고 있었기에 당당히 목소리를 낼 수 있었다.

이런 오해가 생긴 데에는 일본의 술수도 한몫했다. 국가 차원의 책임을 피하기 위해 '국민기금'이라는 민간 주도의 기금을 조성하여 할머니들을 돈으로 매수하려 했기 때문이었다.

정대협은 경제적 빈곤과 병으로 고생하는 피해자들의 복지를 위해 정부에 지원책을 요구하고 관철시켰다. '평화의 우리집'이라는 할머니들의 공동 주거 공간을 마련하고, 불교 쪽에서는 '나눔의 집'을 독립시켜 운영했다.

일본군 성 노예 문제의 진상을 규명하기 위한 연구 활동도 활발히 진행했다. 일본, 미국, 네덜란드, 호주 등에서 관련 문서가 발견되면서 일본군의 악행이 속속 밝

정대협이 기자 회견을 통해 제네바에서 열리는 유엔 인권위원회 소위원회에 종군 위안부인 황금주 할머니와 함께 스위스로 출발한다고 밝히고 있다. 왼쪽부터 신혜수 국제위원장, 이이효재 공동대표, 황금주 할머니.　　ⓒ연합뉴스

혀졌다. 피해자 할머니들이 성 노예라는 말을 힘들어 해서 '일본군 성 노예'라는 말 대신에 '일본군 위안부' 라는 말을 사용하기로 하였다.

　1930년대 초부터 제2차 세계 대전이 끝날 때까지 일 본군은 한국, 중군, 필리핀 등 아시아·태평양 지역 점 령지와 식민지의 10대 20대 여성들, 심지어는 10세 이하 의 어린 소녀들까지 끌고 가 조직적이고 제도적으로 위 안소를 설치하고 성 노예로 삼았다. 수많은 여성들이 성 노예로 고통을 당하다가 전쟁이 끝난 뒤, 현지에 버려지거나 죽임을 당했다. 생존자가 적어 전체 피해 규모를 정확하게 밝히지는 못했으나 연구자들은 대략 20만 명으로 추정한다.

1992년 2월, 이이효재는 조카의 결혼식 참석을 위해 미국을 방문했다. 여행 직전, 속리산에 살고 있던 피해자의 전화를 받고 그를 방문했다. 할머니는 아들과 며느리에게 자신의 과거를 털어놓고는 앓아누워 있었다. 며느리가 시어머니를 설득하여 신고를 한 것이었다. 증언을 하면서도 할머니는 자신의 신분은 밝히지 말아달라고 신신당부했다.

"1941년, 끌려간 날 바로 그 다음 날에 혼인을 하기로 되어 있었어. 그런데 5명의 경찰과 군인이 들이닥쳐서 가족들이 보는 앞에서 날 강제로 끌고 갔어요. 30여 명의 처녀들과 함께 어딘지도 모르는 곳으로 끌려갔어요. 도착한 곳은 조그만 다다미방이 연결된 곳이었는데, 아무런 설명도 없이 한 명씩 들어가라는 거요. 한 처녀가 저항하고 도망을 가니 바로 우리들이 보는 앞에서 붙잡아 죽이더니 유방을 도려내고 배를 갈라 창자를 꺼내 이리저리 흔들어댔어요. 너무나도 무서웠지만, 그 생활이 어찌나 끔찍했던지 도망을 치려다 결국 붙잡혔어요. 그놈들이 날 거꾸로 매달더니 등을 인두로 지졌댔어요."

할머니는 인두 자국이 선명한 등을 보여주었다. 할머니는 한을 뿜어내듯 연이어 담배 연기를 뿜어냈고, 증언하면서 온몸을 뒤틀었다. 이이효재는 그녀의 처절한 몸짓에서 억눌린 한이 가늠되어 너무나 큰 충격을 받았다. 할머니는 4년 동안의 끔찍한 성 노예 생활 중 아비 모르는 아이를 둘이나 낳아야 했다. 출산 후 사흘이 지나면 다시 군인들을 상대해야 하는 지옥 같은 삶이었다. 전쟁터 시체 속에서 다행히도 살아 돌아온 할머니는 좋은 사람을 만나 결혼하고 효성스러운 아들과 며느리를 두고 있었지만, 여전히 고통스러운 기억에서 벗어나지 못하고 있었다.

이이효재는 그 생생한 분노를 안고 미국으로 갔다. 모르쇠로 일관하는 일본 정부에 압력을 넣기 위해서는 국제 여성 운동이나 유엔 인권위원회를 통해 국제 여론을 고조시켜야 한다고 판단했다.

이이효재는 로스엔젤레스에서 조카의 결혼식을 마치고 뉴욕으로 날아갔다. 그곳에는 유학 중인 제자 신혜수가 있었다. 이이효재의 영향으로 영문학에서 사회학으로 전공을 바꿔 공부하고 있었다. 이때부터 신혜수는 정대협 운동을 국제화시키는 데 주도적인 역할을 맡았다.

신혜수는 이이효재에게 자신의 지도 교수 샤롯 번치(Charlotte Bunch)를 소개했다. 이이효재는 샤롯 번치에게 출국 직전에 만났던 속리산 박씨 할머니의 이야기를 쏟아놓았다. 여성학자인 그녀는 이이효재 못지않게 분노하며 아파했다. 그녀는 자신의 인맥을 총동원하여 유엔에서 일하는 여성들을 소개해주었다.

이이효재는 번치의 소개를 받고 유엔 여성위원회를 찾아갔다. 그곳에서 이 문제는 인권위원회를 찾아가야 한다는 것을 조언해주었다. 그 당시만 해도 이이효재는 유엔 인권위원회가 제네바에 본부를 두고 있다는 사실도 알지 못했다.

다행히 유엔에서 만난 여성들은 일본군 성 노예에 관

한 기사를《뉴욕타임즈》에서 읽었다며 전쟁 시 여성 성폭력 문제를 제기하기에 좋은 시기라며 크게 격려해주었다. 1991년 보스니아 전쟁에서 벌어진 여성들에 대한 성폭행이 국제 문제로 주목받고 있었다. 이이효재는 뉴욕을 거쳐 워싱턴 D.C.로 갔다. 그곳에서 메릴랜드 대학 여교수의 초청으로 강연회가 열렸다.

"이런 사건을 어쩌자고 여태까지 덮어두고 있었느냐?"

이이효재의 이야기를 들은 여교수가 질책하듯 물었다.

'그동안 참 정신없이 살아왔구나. 늦었지만 무슨 일이 있어도 제대로 알려야겠다. 다시는 여성들이 이렇게 억울하게 당하지 않게 해야 한다.'

이이효재는 부끄러움과 함께 결심을 다졌다.

워싱턴 D.C.에서 하비 목사의 도움을 받아 미국 감리교 로비 단체에 미국 의회에 영향력을 행사해달라는 부탁을 했다. 그곳에서 일하는 젊은 교포 여성의 도움을 받아 영문 문서들을 만들어서 유엔 여성위원회, 유엔 인권위원회, 노예와 인신매매 등을 전담하는 국제단체 등으로 보냈다.

정신대 문제는 국제적인 이슈가 되어갔다. 자연스럽게 일본의 양심적인 세력과 연대하는 일은 일제 강점기에 공립학교를 나와 일본어에 능통한 윤정옥이 맡았다. 미국 등 서양과 관련해서는 이이효재가 담당했다.

1992년 8월 9일, 이이효재는 신혜수, 정진성, 황금주 할머니와 함께 유엔 인권위원회에 일본군 위안부 문제를 제기하기 위해 제네바로 날아갔다. 정진성은 이이효재의 권유로 정대협 운동에 참여하게 되었다. 미국에서 사회학을 공부한 그녀는 이 문제를 학문적 연구로, 또 운동을 국제화시키는 데 큰 역할을 맡아주었다. 그의 어머니가 윤정옥과 경기여고 동창이라는 사실도 나중에 알게 되었다.

함께하는 지식인들이 있었으나 무엇보다도 세계 평화 운동가, 여성 인권 운동가로 성장해 간 피해자 할머니들이 없었더라면 이 운동은 불가능했다. 운동이 국제화되면서 할머니들은 일본, 미국, 유럽 등 전 세계를 돌아다니며 일본군의 악마적인 행동을 고발하였다. 할머니들의 증언은 처음에는 자신들의 한을 풀어내는 울부짖음에서 벗어나기 힘들었다. 그러나 시간이 지날수록 할머니들은 당당해졌고, 담담하고 의연하게 자신의 경험을 증언하고 주장을 외치게 되었다. 인류 역사에서 자신들과 같은 피해자가 다시는 나오지 않아야 한다며 전쟁을 반대하고 평화를 호소하는 아름다운 운동가로 변화했다.

일본군에게 끌려가 고초를 겪으면서 살아남기 위해 자신을 놓아버렸던 그녀들이었다. 하지만 그녀들은 마치 오랜 시간 고치 속에 죽은 듯 웅크리고 있던 애벌레가 화려하게 나비로 변신하듯 부활했다. 그중에서도 특히 샛별처럼 빛나는 이들이 있었다.

1992년 일본군 성 노예였음을 밝힌 김복동 할머니는 아시아 연대회의에서의 증언을 시작으로, 이듬해에는 유엔 인권위, 비엔나 세계인권대회, 미 하원 등 전 세계를 누비며 일본군의 만행을 고발했다. 「아이 캔 스피크」라는 영화의 모델이 되었던 이가 바로 김복동 할머니다.

2012년, 김복동 할머니는 길원옥 할머니와 함께 자신이 평생 모은 5,000만 원을 내놓아 베트남, 콩고, 우간다, 인도네시아 등 전쟁과 무력 분쟁 지역 피해 여성들을 돕는 나비기금을 설립했다. 27년 간 매주 수요일 일본 대사관 앞에서 일본 정부의 공식적인 사죄와 배상을 요구하던 할머니는 결국 사과를 받지 못하고 2019년, 세상을 떠났다.

할머니들의 피맺힌 절규와 많은 이들이 노력한 결과 유엔 인권위는 1996년과 1998년 두 차례에 걸쳐 일본 정부에 법적 책임을 이행하라고 촉구하는 보고서를 채택했다. 이를 계기로 일본군 위안부 문제는 세계인들의 관심사가 되었다.

1993년 비엔나 세계인권대회, 1995년 베이징 세계여성대회에서는 성 노예 사례를 무력 분쟁하의 여성 폭력 범죄로 규정하고 책임자 처벌과 배상 등의 해결책을 제시했다. 2000년에는 도쿄에서 '피해자들에게 명예와 정의를'이라는 구호로 국제 법정을 열어, 히로히토 국왕에게 유죄 판결을 내렸다.

2007년에는 미 하원 청문회가 열렸고, 한국과 호주의 피해자들이 당당하게 일제의 죄상을 고발했다. 마침내 일본 정부에 위안부 문제 해결을 촉구하는 결의(H.R.

121)가 만장일치로 통과되었다.

정대협의 운동은 전쟁 중 여성에 대한 성폭력과 성
노예적 범죄를 국제 인권 규약과 인도에 어긋나는 범죄
및 전쟁 범죄로 규정했다. 피해자의 법적 배상을 요구
할 수 있는 권리를 주장하는 인권 운동의 선례를 세우
기도 했다. 무엇보다도 이 운동의 가장 빛나는 성과는
아무리 끔찍한 고난을 당해도 고결하게 회복될 수 있음
을 생생하게 보여준 할머니들의 용기와 행동이었다. 이
는 여성들의 연대가 피워낸 아름다운 꽃이었다. 그 꽃
의 향기는 전 지구적으로 퍼져나갔다.

15. 기적의도서관을 세우며 여든에 사랑을 배우다

'내가 같은 말을 계속 되풀이하고 있구나. 이제 물러설 때가 온 게야.'

1996년 말, 어느 날에 이이효재는 문득 깨달았다. 계단에서 발을 헛디디기도 했다. 그녀는 정대협 활동을 이제 그만 후배들에게 물려주고 물러서라는 하늘의 뜻으로 받아들였다. 정대협은 지은희, 윤영애, 김혜원, 신혜수, 정진성, 윤미향 등 뛰어난 후배들이 잘 이끌어나가고 있었다.

이이효재는 은퇴한 뒤 고향으로 내려가겠다는 평소의 생각을 실행에 옮기기로 했다. 지도층이 현직에서 물러난 뒤에는 고향으로 돌아가 봉사하는 문화가 필요하다는 것이 평소 그녀의 지론이었다. 모든 문화나 사회 운동이 서울을 중심으로 형성되고 지방으로 퍼져나가지 못하고 있었다. 대통령부터 중직을 맡았던 사람들이 은퇴한 뒤, 지방으로 내려가서 자신들이 가진 인적 네트워크나 지식을 가지고 봉사하면 중앙의 혜택을 지방으로 확산시키는 가교가 될 것이다.

바빠서 한쪽으로 미뤄두었던 연구 주제도 있었다. 서양의 경우, 근대화 과정에 들어서면서 여성들이 가부장제에서 해방과 여성 참정권을 요구했다. 그런데 같은 시기 조선에서는 가부장제 문화가 상민층과 노비층의 가족생활 속까지 더 적극적으로 깊숙하게 받아들여져 관습화되었다. 그 역사적 과정을 규명하여 40여 년 동안 계속해온 가족 연구를 갈무리해야 했다.

1997년 3월, 이이효재는 진해로 내려왔다. 부모님의 사회사업을 물려받아 조카가 세운 사회복지법인 경신재단 건물 안에 '경신사회복지연구소'라는 소박한 간판을 걸었다. 진해는 일제 강점기부터 해군 기지가 위치한 도시여서 일본식 문화의 잔재가 많이 남아 있었고, 정치적·문화적으로도 보수적이었다.

이이효재는 고향으로 돌아온 뒤에도 연구실에만 머물지는 않았다. 여지없이 사람들을 만났고 사람들 속에서 함께 일할 동지를 찾아내었다. 진해로 돌아와 보니 여성 운동 단체라고는 YWCA밖에 없었다. 그녀는 YWCA의 이사를 맡아 활동을 시작했다. 그곳에서 훗날 가장 가까운 동지이자 딸처럼 가까워진 이종화를 만났다. 이종화는 서울에 살다가 해군에 근무하는 남편을 따라 내려와 YWCA에서 활동하고 있었다. 이종화는 곧 이이효재의 학교 밖 제자가 되었고 사회활동가로 거듭나게 되었다.

"선생님, 작년에 신문에서 국민 훈장을 거부하셨다는 기사를 읽었어요."

이이효재를 처음 만났을 때 이종화가 말했다. 그녀는 이이효재가 국민 훈장을 거부했다는 기사를 읽으며 참 대단한 분이라고 생각했던 사실을 떠올렸다.

1996년, 이이효재는 수십 년 동안의 여성 지위 향상을 위해 노력한 공로로 국민 훈장 석류장의 대상자로 선정되었다. 그런데 함께 선정된 인물 중에 전두환을 위대한 지도자로, 그를 대통령으로 추대했던 5공 세력의 대표적 여성 인물 김정례가 포함되어 있었다.

"고귀한 국민 훈장의 명예와 권위를 실추시키는 무원칙한 선정으로 생각된다."

당시 이이효재는 이렇게 비판하며 수상을 거부했다.

두 사람의 만남 이후 오래지 않아 이종화가 수필집을 내고 서울에서 출판 기념회를 열었다. 이이효재는 기꺼이 서울까지 축하하러 달려갔다. 이종화는 방명록에 남겨진 "진해 친구, 이효재"라는 사인을 보고 감동했다. 전국적으로 저명한, 어머니 세대의 원로 교수가 어쩜 그리 한결 같이 겸손하고 진정성 있는 모습을 보이는지 매번 놀랍기만 했다. 이런 진정성을 갖춘 리더십이 바로 이이효재가 평생 동안 그 많은 이들을 이끌어온 힘이었다.

이이효재는 아주 특별한 경우를 제외하고는 매일 연구소로 출근했다. 규칙적으로 매일 한 시간씩 걷는 것도 빼 놓을 수 없는 일과였다. 해직 시기부터 계속 산행을 즐겨왔으나 나이가 들면서 걷기로 대신하였다.

가까운 경남대에 재직 중인 제자 강인순과 더불어 진해시 정책 제안을 위한 사회 조사 연구도 진행하였다.

청소년들의 의식 조사를 해본 결과, 문화 욕구는 높은데 그들을 위한 문화 기관도 없고 행사도 전무하다시피했다. 그러니 아이들이 중학교만 들어가면 열에 여덟은 진해를 떠나고 싶다고 했다. 열악한 환경이 너무나도 안타까워 시청에 청소년들을 위한 정책 제안을 시작했다. 여성을 위한 정책도 제안하여 시에 여성정책위원회가 설치되고 여성 사회교육 프로그램도 시작되었다.

학자로서 마지막 연구 과제로 설정했던 가족 연구에도 매진했다. 가족을 처음 연구 대상으로 삼은 때는 40년 전이었다. 처음에 가족학을 연구한다고 했을 때 한국 남성들은 '가족은 자연'이라며 그게 무슨 사회학이냐고 되묻곤 했었다. 그럼에도 꿋꿋하게 가족 연구를 지속해온 것은, 한국 사회의 민주화가 가능하려면 여성들이 평등한 시민으로 사회에 참여해야만 한다는 믿음이 있기 때문이었다. 한국 여성들을 옥죄는 가장 큰 문제는 가부장제였고, 따라서 가부장제가 해소되어 가족이 민주화되어야만 여성들의 주체성이 확립될 것이었다.

한국 사회가 근대화되는 과정에서 군사 독재는 여성을 억압하는 노동 차별과 성차별을 강화시켜왔다. 국가 권력은 경제 성장과 근대화를 명분으로 성별 분업을 강화시켰고, 여성에 대한 저임금 정책으로 희생을 강요해왔다. 가부장제 문화를 미풍양속으로 찬양하며 이데올로기화하여 사회적 노동과 가사 노동에서 차별을 당연시해왔던 것이다. 근대화 과정까지 이렇게 공고하게 이용된 가부장제는 과연 언제부터 우리 문화 속에 뿌리를 깊게 내린 것일까?

고려 시대에는 족보에 부모 양쪽을 다 밝히었고, 처가살이가 흔해서 외손이 제사를 지내는 경우가 많았으며, 자연스럽게 딸에게도 재산 상속이 이루어졌다. 그런데 조선 시대가 시작되고 유교가 통치 이념이 되면서 족보에 아버지의 성만을 기록하게 되었다. 그럼에도 16세기까지는 여전히 족보에 딸들의 이름이 오르고 재산도 상속받았다. 율곡 이이가 외조부모의 제사를 모셨듯이 딸이나 외손이 제사를 모시는 것도 자연스러웠다. 하지만 17세기에 이르면 여성을 철저히 배제하는 가부장제 문화가 강하게 자리 잡는다.

이이효재는 신분제와 관련해서 조선조 사회가 한국적 가부장제를 확립한 역사적 과정을 연구하는 데 몰두

했다. 조선 초기 지배층은 신유학인 성리학을 새 통치 이념으로 삼아 신분 제도 및 친족 제도의 개혁에 주력하였다. 개인은 모두가 타고난 분수나 명분에 따라 상하존비의 차등적인 신분을 지닌다는 성리학 명분론은 신분 차별을 강화시켰다. 또한 가계나 조상 제사를 적장자가 상속해야 한다는 성리학의 종법 사상은 서얼 차별과 남존여비 사상을 확고하게 만들었다. 부계 혈통을 계승하고 부계 조상을 숭상하는 가족 제도가 자리 잡히면서 여성은 출가외인(出嫁外人)[36]이 되었다. 시집의 혈통 계승자인 아들을 낳고 제사를 받들며 종족의 친목을 도모해야 하는 현모양처의 역할이 강요되었고, 삼종지도(三從之道)[37]와 칠거지악(七去之惡)[38]이 문화로 받아들여지게 되었다.

‥

36 시집간 딸은 친정 사람이 아니고 남이나 마찬가지라는 뜻으로 이르는 말.

37 예전에, 여자가 따라야 할 세 가지 도리를 이르던 말. 어려서는 아버지를, 결혼해서는 남편을, 남편이 죽은 후에는 자식을 따라야 하였다.

38 예전에, 아내를 내쫓을 수 있는 이유가 되었던 일곱 가지 허물. 시부모에게 불손함, 자식이 없음, 행실이 음탕함, 투기함, 몹쓸 병을 지님, 말이 지나치게 많음, 도둑질을 함 등이다.

2007년 여름, 진해 기적의도서관을 찾은 노무현 전 대통령 부부(가운데)와 정기용 건축가(맨 왼쪽).

국가에서는 양반 관료층을 중심으로 성리학을 교육하고 교화하는 정책을 강력하게 실시했다. 효자와 열녀 등에게 포상을 실시하여 삼강오륜(三綱伍倫)의 성리학적 질서를 확립하기 위해 끈질기게 노력했다. 그 결과, 가부장제 문화는 양반 문화의 상징이자 특권이 되었다.

임진왜란과 병자호란으로 사회가 혼란스러워지면서 17세기 후기에 이르러 신분 세습의 질서가 문란해지고 억압되었던 신분 상승 욕구가 분출하였다. 상민층과 천민층에서 신분 상승을 위해 족보를 사고, 더 열심히 관혼상제(冠婚喪祭)의 예를 지키며 삼강을 더욱 철저하게 실천했다.

효자와 열녀로 포상을 받는 경우, 후손에게 신분 상승의 기회가 제공되었기 때문에 사람들의 집착이 강했다. 조선 후기로 갈수록 양반층 여성들보다 상민, 천민층에서 열녀의 수가 더 많아진 현상은 통계로 증명되었다. 2003년, 이이효재는 부족함을 느끼면서도 『조선조 사회와 가족』이라는 책으로 그간의 연구를 정리하면서 스스로 지웠던 마지막 공부 숙제를 마쳤다.

어느 덧, 이이효재는 팔순에 이르고 있었다. 청력이 약간 둔해지긴 했으나 세상에 대한 관심과 사랑은 여전했다.

2003년 1월, 이이효재는 텔레비전을 보다가 귀가 번쩍 뜨이는 뉴스를 접했다. 땅만 마련해주면 '기적의도서관'을 지어준다는 것이었다. MBC의 '느낌표'라는 프로그램에서 책읽는사회문화재단과 함께 책읽기 운동을 전개하며 매달 선정된 책의 판매 이익금과 독지가의 기부금으로 열악한 지역에 어린이 도서관을 지어준다는 꿈 같은 이야기였다.

'우리 진해에 저 도서관을 가져와야겠다.'

번개처럼 든 생각이었다. 이이효재는 곧 이종화를 불렀다.

"이 선생, 우리 진해에 기적의도서관을 가져옵시다. 진해 아이들에게 큰 선물이 되고, 엄마들도 변화시킬 수 있는 큰 계기가 될 것이오. 우리가 진해의 문화를 바꿔봅시다."

이효재는 곧바로 시장을 찾아가 이 사업을 추진하자고 제안했다. 시장도 즉각 동의했다. 마침 새 아파트 단지가 들어서면서 근처에 750평의 공공 부지가 있었다. 각계 인사 28명으로 이루어진 기적의도서관 유치추진위원회가 꾸려졌고, 이이효재가 위원장을 맡았다. 시민들을 상대로 기적의도서관을 유치하자는 서명 운동도 돌입했다. 전국 40여 개의 시가 신청할 정도로 경쟁이 치열한 상황이어서 시민들의 간절한 바람을 전달할 필요가 있었다. 서명 운동은 들불처럼 번져 한 달 만에 4만여 명이 동참했다.

이이효재는 이종화와 함께 책읽는사회문화재단의

도정일 이사장을 만나러 서울로 향했다. 기적의도서관 프로젝트는 번개처럼 재빨리 진행되고 있어서 머뭇거릴 여유가 없었다. 다행히 도정일 이사장은 이이효재와 안면이 있었다.

"우리 진해는 문화의 황무지요. 이런 곳에 기적의도서관을 지어야 제대로 된 기적이 일어날 수 있어요. 그러니 우리 진해에 기적의도서관을 짓도록 도와주세요."

이이효재는 자신이 진해로 내려온 뒤, 그곳에서 느낀 점과 척박한 교육 환경에 대해 열정적으로 설명했다. 팔십 노교수의 간절한 호소에 도정일 이사장과 서해성 사무국장은 감동했다.

"이이효재 선생님께서 운영위원장 하시고 이종화 선생님이 관장을 맡아준다면 진해에 세우는 것도 좋을 듯싶습니다. 내일 실사하러 내려가겠습니다."

이이효재는 그 자리에서 진해 시청에 전화를 걸었다.

"도서관 예정지에 현수막을 만들어 걸어주세요."

다음 날, 서울에서 내려온 사람들이 병풍처럼 펼쳐진 장복산과 웅산이 바다를 내려다보는 장소에 이르렀을 때 펄럭이는 현수막이 그들을 맞이했다.

2008년 진해 기적의도서관에서 어린이들에게 소개할 책을 살펴보는 이이
효재.

"이곳은 진해 기적의도서관 예정 부지입니다."

현수막은 그곳에 도서관이 서는 것을 기정사실화하
고 있었다. 실사를 마친 뒤 시장, 시의장 등과 함께 있던
자리에서 도정일 이사장이 말했다.

"이이효재 선생님께서 운영위원장을 맡고, 이종화
선생님이 관장을 맡아준다면 진해에 기회를 드리겠습
니다."

이렇게 해서 기적처럼 기적의도서관이 진해에 세워

지게 되었다. 이종화는 기적의도서관 일로 인하여 무척 바빠졌다. 이이효재는 외부 활동으로 바쁜 이종화 때문에 집에 혼자 머무는 시간이 많아진 그녀의 남편을 가끔씩 따로 불러내었다. 그리고 평등한 부부 관계의 필요성에 대해 설명하고 설득하곤 하였다. 이이효재의 교육을 통해 이종화의 남편은 밖에서 일하는 아내를 누구보다도 열렬하게 지원하는 사람으로 변화했다. 이종화는 이이효재를 "사람이 어떻게 살아야 하는가를 그대로 보여주시는 분"이라 거리낌 없이 말한다.

기적의도서관을 설계하고 건축하는 과정에서 이이효재는 또 한 사람을 아끼고 사랑하게 되었다. 자연친화적인 건축을 추구하던 생태건축가 정기용이었다. 그는 더불어 사는 삶을 위한 공공 건축에 열정을 쏟고 있었다. 그녀는 어린이들에 대한 사랑을 공간으로 옮겨놓은 정기용의 건축 설계에 깊이 감동했다.

도서관이 완성되고 몇 년이 지난 2007년 여름의 어느 날, 정기용이 전화를 걸었다.

"선생님, 제가 노무현 대통령께서 퇴임 후에 머물 사저 설계를 맡았습니다. 대통령님과 함께 진영에 다녀가는 길인데 기적의도서관으로 선생님을 뵈러 가려 합니다."

대통령 일행이 도서관에 도착했을 때 이이효재가 정기용을 어찌나 반가워했던지 곁에 있던 노무현 대통령이 샘내듯 웃으며 한마디 했다.

"선생님, 저는 안 반가우세요?"

사실 노무현 대통령도 정기용 못지않게 이이효재가 아끼던 후배였다. 사저가 완성되고 노무현 대통령이 퇴임 후에 그곳에 머물던 때 노 전 대통령과 특별히 약속을 하지 않고도 가끔씩 봉화마을에 들릴 정도로 그를 사랑했다. 특히 자신처럼 퇴임 후에 귀향한 것에 대해 흡족해했다.

2011년 봄, 이이효재가 그렇게 아끼던 정기용은 암에 걸려 죽음을 맞이했다. "밝은 눈빛으로 초롱초롱한 눈빛으로 죽음과 마주하는 인간이 되고 싶다"던 그의 바람처럼 숭고한 죽음이었다. 수없이 많은 이를 위한 집을 지었으면서도 정작 자신을 위한 집 한 채 없이 살다가 떠난 그를 생각하며 이이효재는 한동안 슬픔을 감추지 못했다. 그녀는 상실의 아픔 속에서 그보다 더 먼저 세상을 떠나간 아까운 이들을 하나하나 떠올렸다. 조영래, 김진균, 노무현 등 특별히 아꼈던 그들의 얼굴이 맑은 밤하늘의 별처럼 떠올랐다.

기적의도서관은 진해의 어린이들을 조금 더 정서적으로 풍요롭고 건강하게 자라나게 하고 싶다는 이이효재의 꿈이 씨앗이 되어 세워질 수 있었다. 하지만 그 씨앗을 싹트게 하고 무성한 나무로 만든 것은 진해 시민들이 하나가 되어 보여준 놀라운 열정이었다. 벽돌 한 장, 유리 한 장, 모래 한 삽까지 수많은 사람들이 각양각색으로 도서관 설립에 기여했다. 그 과정 자체가 기적이었다.

이이효재는 2004년 2월, 도서관 개관식 자리에 참석하지 않기로 했다. 성격상 사람들의 칭찬을 받는 것도 쑥스러웠고, 미국의 마을 도서관들도 둘러볼 겸 미국에 사는 동생들을 방문하기로 했다.

도서관 개관 3개월 뒤, 미국에서 돌아온 이이효재는 매일 기적의도서관으로 출근했다. 자원봉사자 엄마들 교육부터 시작하여 아이들에게 도서관을 안내하는 일, 아이들이 한 권의 독서를 마칠 때마다 하나씩 스탬프를

찍어주는 일도 손수 했다. 얼마 지나지 않아 아이들은 이이효재를 '할머니'라고 부르기 시작했다. 혹시 자리를 비우면 아이들은 "할머니 어디 가셨어요?"라고 물으며 궁금해했다.

이이효재는 할머니라고 부르며 자신을 바라보는 아이들의 맑은 눈망울을 바라보며 큰 감동을 느꼈다. 사랑이었다.

'아, 내가 그동안 인간의 사랑에 대해 제대로 배우지 못했구나.'

이이효재는 도서관에서 옹기종기 앉아서 이야기를 듣거나 책을 읽는 아이들을 볼 때나, 부지런히 움직이는 자원봉사자 엄마들을 볼 때면 말년에 웬 복인가 싶을 정도로 행복했다.

도서관장을 맡은 이종화를 중심으로 자원봉사자 엄마들이 만들어낸 그 변화야말로 도서관에서 일어난 참다운 기적이었다. 개관 후, 어찌나 많은 아이들이 몰려오는지 하루 들고나는 책이 3,000여 권이었다. 그러니 7명에 불과한 직원들로는 업무를 감당하기 어려웠다. 그러자 도서관 짓기 캠페인부터 자발적으로 참여하기 시작했던 엄마들이 팔을 걷어붙이고 나섰다.

엄마들은 시간이 지나면서 도서관 업무를 돕던 소극적인 활동에서 벗어나 인형극, 전시, 독서 지도, 글짓기 교실, 유아 놀이반 등의 창의적인 프로그램 운영까지 활동을 넓혔다. 나중에는 소외된 어린이들을 위한 찾아가는 독서 프로그램까지 개발했다.

이이효재는 자원봉사자 어머니들을 교육하며 강조하곤 했다.

"이곳에서 자란 아이들이 이곳에 터를 잡고 살게 해줘야 합니다. 지역의 자부심을 높이고 지방 문화를 살려야 애들이 서울로 탈출하겠다는 생각을 안 하지요. 삶의 질을 높여 모두가 고루 기회의 평등을 누리면서 사는 것, 책을 섬기고 나누는 심성을 기르는 일은 보편적 가치를 일러주는 일입니다. 인간에게 깊이 뿌리박힌 이기적인 생각을 쉽게 넘어서기는 어렵겠지만 공공의 이익과 혜택을 누린 세대는 저절로 사회를 위하는 공익적 마음이 길러질 거라고 믿습니다."

기적의도서관은 지역 사랑방이자 나눔의 터전, 문화 운동의 산실이 되었다. 내 아이 교육에만 열을 내던 엄마들은 자원봉사 활동을 하면서 점차 우리 아이들이 행복한 공동체를 만들어가자는 의식을 갖게 되었다.

이이효재는 평생 동안 우리나라 여성들이 자발적으로 나서서 주체적으로 함께 사는 지역공동체를 만들어나가는 것을 꿈꾸며 살았으며, 은퇴하고 고향에 내려온 뒤에 그 꿈이 생생하게 이루어지는 현장을 목격했다. 그녀의 일생에서 가장 보람되고 행복한 순간이었다.

16. 여성의 인권을 짓누르던
호주제를 무너뜨리다

2005년 3월 2일, 살아오면서 이보다 더 기쁜 날이 있으랴 싶었다. 이이효재는 지난 반세기 동안 갖은 애를 쓰며 허물어뜨리려 했던 장벽이 무너지는 장면을 목격하고 있었다. 그날은 바로 호주제 폐지를 주요 내용으로 하는 민법 개정안이 국회 본회의를 통과한 날이었다.

호주를 중심으로 가족 구성원의 출생, 사망, 혼인 등을 등록하는 호주제는 사실 유학을 신봉하는 무리들의 주장대로 오천 년 전통에 따른 법이 아니었다. 할아버지, 아버지, 아들, 손자 순서로 부계로만 호주를 승계하는 이 법은 일제 강점기에 도입되어 정작 일본에서는

1947년에 폐지된 것이었다.

호주제가 폐지되면서 혼인, 이혼, 입양 등 여러 이유로 호적을 이리저리 옮겨야 하는 불편이 사라지게 되었다. 어린 아들, 손자가 할머니나 어머니의 호주가 되는 황당한 일도 사라지게 되었다. 부성 강제 조항이 사라져 부부가 합의하면 자녀는 어머니의 성을 가질 수 있고, 새아버지의 성으로 바꿀 수도 있게 되었다. 호주제가 없어지면서 '호적 팔' 일도 없어졌다.

이이효재는 누구보다도 이날을 간절히 기다렸다. 그러나 온전히 기쁨을 함께하지 못하고 1998년 세상을 떠난 이태영을 생각하며 중얼거렸다.

'선생님, 보고 계신가요? 우리가 드디어 해냈습니다.'

우리나라 최초의 여성 변호사로서 여성들의 인권과 평등을 위해 평생을 고군분투하다 떠난 이태영은 누구보다도 자신을 아껴주던 선배였다.

"동족상잔으로 남북이 나뉘었지만 남쪽만이라도 제대로 된 민주 사회를 이룩하고 자주성을 획득한다면 언젠가 통일된 민주 사회를 이룰 수 있을 것이라 생각합니다. 제대로 된 민주 사회가 되려면 여성들이 평등하게 사회에 참여할 수 있어야 하지요.”

1950년대 후반, 이태영을 처음 만났을 때 이이효재가 했던 말이다.

“어떻게 그런 기특한 생각을 하게 되었나요? 우리 함께 노력합시다.”

이태영이 이이효재의 두 손을 와락 잡고 흔들며 말했다. 평안북도 운산이 고향인 그녀는 여성들의 지위 향상, 사회 민주화와 더불어 통일에 대한 염원이 누구보다도 강했다. 두 사람은 40여 년 동안 여성 운동, 민주화 운동, 통일 운동을 함께했다. 가족법 개정 여정에서 이태영은 법적으로, 이이효재는 사회학적으로 맨 앞줄에 서 있었다.

1952년 1월, 네 아이의 엄마이자 34세의 주부인 이태영은 제2회 고등고시 사법과에 합격하며 한국 최초의 여성 법조인이 되었다. 그는 시보 연수 중 제정 중에 있던 민법의 친족과 상속에 관한 초안이 심각하게 남녀차별적임을 발견하고 충격을 받았다.

1948년 7월 17일에 공포된 제헌헌법은 분명하고 구체적으로 남녀평등을 명시하고 있었다. 제헌헌법은 분명 대한민국이 민주공화국임을 선포하면서 제8조에 "모든 국민은 법 앞에 평등하며 성별, 신앙, 또는 사회적 신분에 의하여 정치적 경제적 사회적 생활의 모든 영역에서 차별을 받지 아니한다"고 규정했다. 제20조에서는 "혼인은 남녀 동권을 기본으로 하며 혼인의 순결과 가족의 건강은 국가의 특별한 보호를 받는다"고 하였다. 그러나 우리가 가족법이라 부르는 하위법인 민법의 친족 편과 상속 편은 헌법의 정신을 정면으로 위배하고 있었다.

가족법상의 여성들의 지위는 조선 시대와 다를 바가 없었다. 남편이 혼외 자녀를 입적시키는 데에는 아내 동의가 필요하지 않았다. 재혼 가정의 경우, 전처가 낳은 자녀와 의붓어머니는 법적으로 친자친모 관계가 성립되었으나 전남편의 자녀들과 의붓아버지의 경우에는 해당되지 않았다. 남편은 아내의 재산을 자녀들과 공동 상속할 수 있었으나, 아내의 경우에는 시부모 및 자녀들과 공동으로 상속받아야 했다. 게다가 결혼한 딸은 재산 상속에서 제외되었다.

1953년, 이태영은 법전 편찬위원회가 초안을 완성할

호주제 폐지 홍보 포스터.
ⓒ한국가정법률상담소

무렵, 김병로 대법원장을 찾아가 건의서를 제출했다.

"일자 일획도 고칠 수 없다. 1,500만 여성들이 다 잘 살고 있는데, 어째서 불평이냐?"

그는 이태영에게 호통을 쳤다.

헌법의 남녀평등권은 사실 거의 한 세기에 걸친 미국 여성들의 평등권 투쟁의 결과물이었다. 그 결과물에 무임승차했으나 이후 반세기에 걸친 여성들의 투쟁은 실제로 그 혜택을 누리기 위해서 한국 여성들이 치러야 할 대가였다.

이태영은 판검사 실무 수습을 높은 성적으로 마치고 판사 임용을 기대했으나 이승만 대통령은 임용을 거부했다. "야당집 마누라"라는 것이 이유였다. 그 당시 이태형의 남편 정일형은 민주당 국회의원이었다.

이태영은 판사가 되지 못하고 곧바로 변호사가 되었다. 그러나 이는 우리나라 여성들에게는 차라리 커다란 축복이었다. 황신덕의 말대로 "이 땅에 오천 년 역사 이래 처음 나온 여성 변호사로서" 여성의 입장에서 여성들을 변호하고 법적 평등권을 위해 싸워줄 인물이 나타난 것이었다.

이태영은 법률 사무소를 열었다. "지난 오천 년 동안 기다렸다는 듯이" 여성들이 찾아와 끝없는 탄식과 하소연을 쏟아놓기 시작했다. 그는 여성계 인사들을 찾아다니며 도움을 호소했다. 가장 먼저 찾아간 이는 '여학사협회'를 맡고 있던 김활란이었다.

"선생님, 이 일은 저 혼자 할 수 있는 일이 아니니 여성단체가 맡아서 길거리에 벌여놓고 여성 운동을 합시다. 궂은일은 제가 도맡아서 다 하겠으니 저를 월급 없이 써주세요."

"뜻은 좋지만 나는 할 일이 많으니 네가 직접 해보아라."

이태영은 김활란의 반응에 실망하여 힘이 쭉 빠지는 것을 느꼈다. 그 뒤로 찾아간 이름과 재력이 있던 여성단체들은 모두 도움을 거절했다. 유일하게 이태영의 뜻에 공감하고 힘이 되어준 단체는 당시 가장 가난했던 '여성문제연구회'였다.

여성문제연구회는 1952년 11월, 당시 제정 중에 있던 가족법을 평등하게 수정하고자 황신덕, 박순천, 이태영, 이희호가 부산 피난지에서 설립했던 '여성문제연구원'이 발전한 단체였다. 그들은 이 단체를 설립하고 YWCA와 함께 가족법을 수정하려는 노력을 시작했다. 바로 1953년 3월부터 시작된 제1차 가족법 개정 운동이었다.

이태영은 1956년 8월, 여성문제연구원 안에 '여성법률상담소'를 설립하고 매달 법률 강좌를 열고 무료 법률 상담도 했다. 그 당시 여성들은 법에 대해 너무 몰라서 혼인 신고조차 안 하고 살다가 어느 날 첩을 데리고 들어온 남편에게 자식까지 빼앗기고 빈손으로 쫓겨나는 경우가 허다했다. 그래서 가장 먼저 벌인 캠페인이 '혼인 신고를 합시다'였다. 곧 이 상담소는 가정법률상담소로 이름을 바꾸고 이후 반세기 동안 가족법 개정의 견인차 역할을 했다.

1957년 11월, 이태영의 남편 정일형 민주당 국회의원을 대표 제안자로 민법 개정안이 제출되었다. 하지만 전통과 미풍양속을 내세운 반대 세력에 의해 거의 개정되지 않은 상태로 통과되어 1960년부터 시행되었다.

1970년대, 세계적 여성 해방의 물결은 우리나라에까지 밀려왔다. 여성단체와 젊은 여성들 사이에 남녀평등에 대한 의식이 싹트면서 제2차 가족법 개정을 위한 범여성단체의 조직적인 운동이 시작되었다. 1973년 6월, 61개 여성단체들이 연합한 '범여성 가족법 개정 추진회'가 출범했다.

호주 제도 폐지, 동성동본 불혼 폐지, 친족 범위 남녀평등, 재산 부부 공동 소유, 이혼 시 재산 공동 분배, 부모 공동 친권 행사, 아들 딸 상속 동등 등의 안건이 국회에 상정되었다.

1975년 '세계여성의 해'를 맞이하여 '가족법 개정을 위한 범여성 운동'이 여성 운동의 주요사업으로 추진되었다. 이이효재는 YWCA의 사회위원으로서 손인실 YWCA 회장과 함께 법 개정의 필요성을 설득하러 국회 법사위원회를 찾아갔다.

"우리들에게는 크게 문제가 되는 사안이 아니지만 가난한 여성들을 위해서는 이 개정안이 꼭 통과되어야 합니다."

손인실 회장이 사정하듯 말했다. 이이효재는 그녀의 인식 수준에 기가 막혔다. 그런데 그 말을 듣던 법사위원의 말은 점입가경이었다.

"남녀평등은 공산주의 사회에서나 부르짖습니다. 이건 빨갱이 놀음입니다."

정부에 대해 손톱 끝만치라도 비판적이면 빨갱이, 공산주의자로 몰리는 형국이었다. 이이효재는 논리적으로 조목조목 반박을 하지 못하고 어물어물 그 자리에서 물러나면서 부끄러움을 느끼며 이론적으로 더 단단해져야겠다고 결심했다.

가족법 개정을 반대하는 유림의 반격 또한 치열했다. 1975년, 그들은 '가족법 개정 저지 범국민협의회'를 발족하여 회장으로 경제계 대표인 현대그룹 정주영이 추대하고 광범위한 가족법 개정 반대 운동을 펼쳤다. 그들은 100만 명의 서명을 받아 국회에 반대 청원을 제출했다. 그들은 개정안이 "한국의 아름다운 가족 제도를 가속도로 파괴시킬 독소를 내포하고 있으며, 이로 인해 국론이 분열되고 총화 유신에 차질을 자아내서 국가 안보가 근본으로부터 와해될 것"이라고 우려하였다.[39]

유신 체제를 지지하고 독재 정권 유지를 원하는 보수 세력은 가족 제도의 민주화를 명백하게 반대하였다. 그들은 국가 안보를 명분으로 가족법 개정을 반대하며 전통적 가부장 제도를 존속시켜 집권층의 권위를 유지해 나가려는 뚜렷한 목적을 가지고 있었다. 결국 이들의

---

39 이효재, 『한국의 여성 운동: 어제와 오늘』, 정우사, 1996년, 256쪽

격렬한 반대에 부딪쳐 가족법 개정은 좌절되었다.

가족법 개정 운동은 1980년대에도 이어졌다. 1984년, 한국여성단체협의회 주관으로 78개 여성단체 대표들이 나서서 '가족법 개정을 위한 여성연합회'를 결성하였다. 이태영을 회장으로 가족법 개정 촉진대회를 열고 서명 운동과 계몽 운동을 지속하였다.

1986년 11월에 개정안이 다시 국회에 제출되자, 12월 1일, 5,000여 명의 유림이 국회 정문 앞에서 '가족법 개정 결사반대 시위'를 벌였다. 가장 핵심적인 문제는 호주제와 동성동본 금혼 폐지였다. 부계 혈통주의에 따라 가계 계승을 의미하는 호주 상속을 고집한다면 아들 선호 사상은 영원히 무너지지 않을 철옹성이 될 것이었다. 모계를 철저히 무시한 부계 중심의 동성동본이라는 개념은 허구 그 자체였다.

1987년, 들불처럼 타오른 민주화의 요청 속에서 대통령 직선제 헌법 개정이 이루어졌다. 김대중은 평화민주당을 창당하고 1987년 대통령 선거에 출마했다. 선거 이후, 그는 통일민주당의 김영삼과 단일화를 이루지 못하여 정권 교체에 실패했다는 비난을 한 몸에 받았다.

민주화 운동 세력조차 분열되었고 1988년 총선은 위기에 빠졌다. 오랫동안 민주화 운동을 해왔던 일부 재야 인사들이 평민당에 입당하여 총선에 출마하기로 결정했다.

그 당시 여성계는 1985년 25세 여성 조기 정년제 폐지 운동과 1986년 부천서 성고문 사건 등에 공동 대처하면서 연대를 위한 단체의 필요성을 절감했다. 그리하여 1987년, 진보적인 여성 운동 단체들이 손을 잡고 '한국여성단체연합'을 결성했다. 1970년대부터 민주화 운동, 노동 운동을 해온 여성들의 세력이 연합한 단체였다.

평민당은 정책 정당을 표방하며 여성단체연합에 공식적으로 여성계를 대표하는 인물들을 추천해달라고 요청했다. 여성계에서도 여성의 시각이 국정에 반영되기 위해서는 정책 결정에 여성들이 실질적으로 참여해야 한다는 의견이 나오던 차였다. 여성단체연합의 수석 부회장이던 박영숙이 평화민주당에 입당하여 비례 대표 1번을 받았다.

1989년 11월, '가족법 개정을 위한 여성단체연합'이 결성되었다. 호주제 폐지, 동성동본 금혼 범위 완화, 이혼 배우자의 재산 분할 청구권 신설, 재산 상속에서 남녀평등 실현을 골자로 개정을 추진했다. 한국여성단체연합과 교회여성연합회가 함께 '가족법 개정 여성대회'를 개최하고 정당 대표를 면담하면서 48만 명의 서명을 전달하였다. 동시에 노태우 대통령에게 '가족법 공개질의서'를 제출하여 1987년 선거의 여성 지위 향상 공약이었던 가족법 개정에 적극 노력할 것을 촉구했다.

반면에 가족법 개정 운동 반대 세력은 가족법 개정 절대 반대를 외치며 궐기대회를 개최하고, 전통과 미풍양속 수호를 강조하며 대통령에게 보내는 공개 건의문을 채택했다. 유림 측에서 평민당에 보낸 서한은 처절했다.

"천하의 요녀 박영숙에게 고한다. 인간이 무릇 금수와 다른 점은 삼강과 오륜을 알고 행함에 있느니라. 동성동본의 혼인을 허하고 호주제를 폐지하는 것은 이러한 근본 질서를 파괴하는 짐승들의 법을 만들겠다는 발상이다."

1952년부터 이태영과 함께 가족법 개정 운동을 시작했던 이희호의 남편 김대중 당시 평민당 총재는 가족법 개정을 적극적으로 지지했다. 1989년 12월, 김대중은 여야 영수 회담에서 '제5공화국 비리' 청산을 매듭짓는 조건으로 가족법 개정과 지방 자치제 부활을 요구했다. 대통령이 마지못해 수용하면서 가족법 개정 움직임이 빨라졌다.

마침내 한국여성단체연합의 개정안을 반영하여 국회 법사위가 마련한 수정안이 1989년 12월 19일, 제13대 정기 국회 본회의에서 통과되었다. 그날 국회 본회의장 밖에서는 이태영을 비롯한 여성들이 외치는 기쁨의 만세 소리와 나라가 망했다며 부르짖는 유림들의 통곡소리가 함께 뒤섞였다.

이는 해방 이후 실질적인 가족법의 개정이었으며 여성 운동의 새로운 지평을 연 사건이었다. 이혼 배우자의 재산 분할 청구권이 신설되었고, 부모 친권 공동 행사, 가문을 잇기 위한 양자제 폐지, 재산 상속에서 자녀 균분 상속이 보장되었다. 친족의 범위가 부모계 8촌, 인척 4촌으로 동일하게 개정되었다. 그리하여 그동안 친족으로 인정받지 못했던 처제, 처남, 동서, 처삼촌 등도 친족으로 인정되어 남편 중심의 가족 제도를 일정 부분

2005년 3월 2일, 호주제 폐지가 확정된 뒤 '호주제 폐지를 위한 시민연대'에 참여한 여성 운동가들이 환하게 웃고 있다.　　ⓒ한국가정법률상담소

바꿀 수 있었다. 그러나 호주제와 동성동본 금혼제 폐지는 여전히 숙제로 남은 미완의 작품이었다.

　1997년, 부모 성 함께 쓰기 운동에서 다시 불붙은 호주제 폐지 운동은 이후 여성 운동의 주요 목표가 되었다. 1999년 5월, 여성단체연합에서는 호주제 폐지 운동본부를 발족시키고 호주제 폐지 운동을 본격적으로 시작했다. 같은 해 11월에는 유엔 인권이사회의 호주제 폐지 권고 결의가 발표되었다. 그 이듬해에는 '호주제 폐지를 위한 시민연대'가 결성되어 호주제 폐지 국회 청원을 시작했다.

호주제 폐지를 위한 시민연대에서는 호주제 위헌 소송을 제기했다. '민주 사회를 위한 변호사 모임'의 이석태 회장과 강금실, 진선미 등 여성 변호사들이 주도한 이 소송은 5년에 걸친 긴 싸움 끝에 2005년 2월 3일 헌법 불합치 결정을 받아냈다.

혈통은 부계로 계승되는 것이 자연의 섭리이고 호주 제도는 그 섭리의 구현이라는 주장에 반박하기 위해 동물학자인 최재천 교수가 증인으로 법정에 섰다.

"자연에서는 몇 세대만 지나면 부계는 확인할 수 없고 모계 조상만을 확인할 수 있다. 오히려 부계 혈통 위주의 호주 제도는 자연의 질서에 반한다."

최재천 교수의 증언이었다.

2005년, 호주 제도가 폐지됨에 따라 부속법인 호적법도 폐지되었다. 대신 2007년 5월, 「가족 관계 등록 등에 관한 법률」이 제정되어 2008년 1월 1일부터 시행되고 있다. 새로운 신분 등록 제도는 호주나 '가'의 개념 없이 개인별 편제를 따랐다. 혼인이나 이혼, 재혼, 입양 등에 의해 가를 옮긴다는 개념이 완전히 사라진 것이다. 많은 이들에게 혼인의 자유를 제한했던 동성동본 불혼 조항도 사라졌다.

호주제 폐지의 과정에는 이이효재가 이화대학에서 가르치고 함께 공부하며 목표를 향해 달려온 제자들의 역할이 컸다. 민주당이 이이효재에게 제안했던 비례 국회의원 자리를 양보한 이미경이 국회에 있었고, 지은희와 그 뒤를 이은 장하진은 호주제 폐지를 이루어낸 참여정부의 여성부 장관이었다. 부모 성 함께 쓰기 운동을 함께 시작한 고은광순도 빼놓을 수 없었다.

호주제 폐지는 입법부, 강금실 법무부 장관을 중심으로 한 행정부, 민변과 여성단체 등의 시민단체와 민관이 힘을 합쳐 이루어낸 쾌거였다. 호주제가 사라지면서 가족원은 호주라는 중심에 속한 수동적 객체가 아니라, 구성원 각자가 주체가 되었다. 남녀를 떠나 법적으로 개개인의 권리가 확대되고 평등해졌다.

수천 년 동안 지속되어온 남성 중심 문화가 쉽게 뿌리 뽑히고 완벽하게 사라지기는 어려울 것이다. 하지만 눈에 보이는 장벽을 제거한 것만으로도 엄청난 진전이었다. 이이효재는 이를 시작으로 혈연이나 결혼만이 중심이 아닌 이웃, 자연과 더불어 사는 인간적인 공동체를 향한 열린 가족, 평등 가족이 실현되기를 희망했다. 이웃사촌 가족, 장애인이나 노약자들의 공동체 가족, 모자 가족, 동성애 가족 등 다양한 형태의 가족이 가능할 것이다. 그렇다면 혈연과 혼인으로 이루어지는 가족이라는 개념도 재정립할 필요가 있다는 것이 이이효재의 생각이었다.

이이효재는 지난 반세기 동안 우리나라 여성들이 줄기차게 자신들에게 가해진 법적 제도적 장애물들을 제거해왔음에 너무나도 뿌듯했다. 그 길의 맨 앞에 서 있었을 수 있었음이 더할 수 없이 감사했다.

17. 설문대할망을 찾아서

　　'이 땅에서 다시는 전쟁이 일어나지 않게 하시고, 이 땅의 모든 생명들이 제 맘껏 행복하게 살아가게 하소서. 또한 세월호로 희생된 이들의 영혼을 보살펴주소서.'

　2015년 5월 15일, 이이효재는 죽 한 그릇만이 오롯이 놓인 단정한 제단에 꽃, 향, 차를 바치며 간절히 기원했다. 그는 제주돌문화 공원에서 열린 11번째 설문대할망제의 특별 제관이었다. 1년 전, 제주도에 수학여행을 오려던 고등학교 학생들이 탄 배가 침몰하면서 304명의 아까운 목숨이 희생되었다. 그 뒤로 이이효재는 바다를 보는 것이 무섭고 고통스러웠다.

이이효재는 아버지가 돌아가신 뒤, 환갑도 지내지 못하고 돌아가신 아버지보다는 십 년 쯤은 더 살겠지 생각했다. 그런데 어느새 아흔두 살이었다. 제주에 와서야 철이 들었다는 생각을 하게 된 것을 보면 철들기 위해 이렇게 오래 산 것은 아니었을까 싶었다.

설문대할망제는 제주도의 탄생 신화인 설문대할망과 그 아들인 오백장군을 기리는 문화 의식이다. 생명을 살리고 창조하는 모성의 이야기 설문대할망 신화에는 우주의 원리가 담겨 있었다. 생명을 살리기 위한 사랑으로 자신을 희생함으로써 아름다운 섬나라를 창조해냈다는 이야기는 이이효재에게 한없는 감동을 안겨주었다.

머나먼 옛날, 밑도 끝도 없는 짙은 어둠 속에서 커다란 불기둥들이 솟아올랐다. 하늘로 솟은 수많은 불덩이들은 태양과 달과 별이 되고, 아래로 떨어져 내린 불덩이들은 땅과 바다가 되었다. 이승과 저승이 갈라지던 날, 시커먼 연기와 함께 부글부글 끓어오르는 망망대해 속에서 거대한 여인 설문대할망이 떠올라 하늘로 우뚝 섰다.

이
이효재

여인은 젖은 치마폭 가득가득 화산재와 돌덩이들을 담아 바다 가운데로 옮겨 섬을 만들기 시작했다. 한라산을 만들고 난 뒤 보니 봉우리가 너무 높았다. 꼭대기를 꺾어 내던지자 산방산이 만들어졌다. 설문대할망의 해진 치마폭 틈으로 흘러내린 흙덩이들은 360개의 오름이 되었다.

설문대할망은 어찌나 키가 컸던지 한라산을 베개 삼고 두 다리는 관탈섬에 걸쳐 잠을 잤다. 할망은 아들을 500명이나 두고 있었는데 어느 해 기나긴 가뭄에 흉년이 들어 먹을 것이 없었다. 오백 아들들이 먹을 것을 구하러 나간 사이에 설문대할망은 죽을 끓이기 시작했다. 그러다가 발을 헛디뎌 그만 죽 솥에 빠져 죽고 말았다. 아들들은 집으로 돌아와 허겁지겁 여느 때보다 특별히 맛있는 죽을 먹었다. 나중에야 자기들이 먹은 죽 솥에서 어머니의 뼈를 발견한 아들들은 매일매일 어머니를 부르며 목 놓아 울부짖다 모두 굳어져 한라산 영실의 오백장군 바위가 되었다. 5월이 되면 해마다 한라산에는 붉은 철쭉꽃이 만발하는데 오백 아들들의 피눈물이라고 전해진다.

이 신화 속에서 오백 아들들은 모성애를 깨닫고 눈물을 흘리다 바위가 되었다. 수만 년 인류의 역사 속 남성 중심 문화는 경쟁과 파괴와 죽음을 불러왔다. 자연을 파괴하고 여성을 억압하는 남성 중심의 세상을 끝내고 여성과 남성이 모두 자유롭고 행복해지려면 남성들이 모성을 배워야 할 것이었다.

이이효재는 개신교 목사의 딸로 제사나 무속 신앙 등을 우상 숭배 혹은 미신으로 경원시하는 문화 속에서 자라났다. 자신이 설문대할망제의 제관이 된 것을 어머니가 보았다면 우상 숭배라고 기겁을 했을 터였다. 하지만 이이효재는 이제 그렇게 편협한 하나님을 믿지 않았다.

하나님에 대한 생각을 획기적으로 바꿔준 이가 이남순이었다. 2012년 4월, 이이효재는 제주도에 여행을 왔다가 제자 강득희의 소개로 이남순을 처음 만났다. 1964년, 이남순은 한국전쟁 때 월북한 아버지 때문에 연좌제로 아이들의 앞길이 막힐 것을 염려해 조국을 떠났다. 브라질을 거쳐 캐나다에 정착하여 네 아이들을 모두 훌륭하게 키운 뒤 2006년, 42년 만에 역이민을 와 제주도에 정착해 있었다. 이남순은 캐나다에 살던 중 수소문 끝에 못내 그리워하던 아버지가 북한에 생존해 있다는 사실을 알게 되었다. 1975년, 드디어 그녀는 평양을 방문하여 꿈에 그리던 아버지를 만났고, 그 뒤 해외 교포들의 통일 운동에 깊이 관여했다.

그의 아버지 이종만은 일제 강점기에 광산업으로 크게 사업을 일으킨 뒤, 빈민 구제와 교육 사업에 큰돈을 기부했다. 사재를 털어 설립한 대동공전은 현재 북한의 김책공업종합대학으로 발전했다. 이종만은 자본가 출신으로서는 평양의 '애국열사릉'에 묻혀 있는 유일한 사람이라고 한다.

이이효재는 두 살 위 이남순의 열정과 신념, 비전에 깊이 매료되었다. 이야기를 나누다 보니 여동생 효숙의 남편 로광욱과 통일 운동을 함께해온 동지라는 사실을 알게 되어 더욱 친밀감을 느꼈다.

"평화의 섬, 제주에서 통일을 위해 기도하며 여생을 마치려고 이곳에 자리 잡게 되었습니다."

이남순의 말을 듣는 순간, 이이효재는 자신도 이곳에서 함께 기도하며 살고 싶다는 희망을 다시 품기 시작했다. 사실 몇 해 전부터 제주에 매혹되어 이곳에서 여생을 보내면 어떨까 하는 생각을 하다가 포기했던 일이 있었다. 몸이 마음대로 움직여주지 않으니 고향을 떠나 새로운 곳에 자리 잡기란 무리라 생각했던 것이다.

2008년 9월경에 제주도에 정착한 제자 오한숙희가 책을 한 권 보내주었다. 제주에 올레길을 낸 서명숙의 책이었다. 그 책을 읽고 크게 감동을 받은 이이효재는 곧바로 서명숙에게 전화를 걸었다.

"서 선생님, 정말 의미 있는 일을 해냈군요. 여성이기에 더욱 자랑스러워요."

곧 진해 기적의도서관에서 서명숙에게 특별 강연을 부탁했다. 자원봉사자 엄마들 사이에 앉아 서명숙의 길을 내는 과정을 생생하게 전해들은 이이효재는 올레길을 꼭 방문해야겠다고 결심했다. 몇 달 뒤, 이이효재는 수양딸과 함께 올레길을 찾았다.

"어찌 이리도 아름다울까. 모든 풍광이 참으로 여성적이야. 여성적인 에너지는 사람을 보듬고 어루만지고 치유하는 법이지."

이이효재는 제주의 자연뿐만 아니라, 설문대할망 신

화를 비롯한 제주의 여성주의 문화에도 깊은 감동을 받았다. 육지의 문화와 달리 제주에서는 전통적으로 시어머니와 며느리 사이에 갈등이 없는 점도 신선하고 놀라웠다. 가부장제에 눌린 여성들이 서로를 견제하는 육지의 문화와는 달리 같은 여성으로서 서로 연대하고 보듬는 아름다운 전통이었다.

그동안 18세기는 조선 시대 성리학이 깊이 뿌리내리며 여성들에 대한 억압이 더욱 강고해졌다고 알고 있었다. 그런데 동시대 제주에는 이미 인류 사회를 위한 예수와 같은 모델이 될 만한 여성 인물이 있었다. 김만덕이었다.

김만덕은 1739년에 제주현에서 양인 김응열의 외동딸로 태어났다. 열 살 무렵에 뭍으로 장사를 다니던 아버지가 풍랑을 만나 세상을 떠나고 곧 어머니마저 사망하면서 고아가 되었다. 먹고살 길이 막막했던 고아 소녀는 어느 기생의 양녀로 들어갔다가 관기로 등록되고 말았다.

김만덕은 나이가 들면서 천한 기생의 신세로 전락한 자신의 처지를 벗어나야겠다고 결심했다. 그녀는 23세가 되던 해, 제주 목사 신광익을 설득하여 양인의 신분을 되찾고 객주를 차렸다. 조선 시대 기생이 양인이 되는 방법은 양반의 첩이 되는 길밖에 없었다. 하지만 김만덕은 어느 양반의 그늘에서 더부살이하는 삶이 아니라 자기 인생의 주인이 되기로 결심했다.

그녀가 살던 영정조 시대는 상업이 획기적으로 발달하던 시기였다. 항해술과 조선술이 발전하면서 바닷길을 이용한 상품 유통도 크게 늘어나고 있었다. 김만덕은 제주 포구에 객주를 차렸다. 그녀는 여성이라는 이유로 어려움도 겪었지만, 타고난 영특함과 강한 의지로 차별과 편견을 넘어 제주 최고의 거상이 되었다. 녹용, 귤, 미역, 전복 등 제주 특산품을 육지에 팔고, 제주에서 필요한 옷감, 장신구, 화장품 등 육지의 생산품을 사고 팔아 많은 시세 차액을 남겼다.

큰돈을 벌었지만 그녀는 소박하고 검소한 생활을 실천했다.

"풍년에는 흉년을 생각해 절약하고, 편안하게 사는 사람은 고생하는 사람을 생각해 하늘의 은덕에 감사하면서 검소하게 살아야 한다"는 것이 그녀의 생활 철학이었다.

1793년부터 제주에 흉년이 계속되어 굶어 죽어가는 사람들이 늘어갔다. 1795년 조정에서는 곡물 1만 1,000섬을 배에 실어 보냈다. 그런데 이 수송선 가운데 다섯 척이 침몰하고 보릿고개까지 겹쳐서 엄청난 사람들이 그저 죽음을 기다리는 상황이 되었다. 그때 김만덕이 나섰다. 그녀는 전 재산을 털어 육지에서 쌀 오백여 섬을 반입하여 죽어가던 제주 백성들을 살렸다.

"만덕에게 소원이 있다면 무엇이든 특별히 베풀어주도록 하여라."

만덕의 선행을 보고받은 정조의 명령이었다.

"다른 소원은 없고 한양에 가서 임금님 계신 궁궐을 우러러보고, 금강산 일만 이천 봉을 보고 죽는다면 여한이 없겠습니다."

그 누구도 감히 상상하지 못할 기발한 소원이었다. 그 당시 제주도의 여성들이 육지로 나가는 것은 국법으로 금지되어 있었다. 그녀는 스스로의 노력으로 여성에게 가해진 금기를 깨고 상경하는 내내 머무는 지역 관아의 전적인 지원을 받으며 서울에 도착했다.

대한민국
여성 운동의
살아 있는 역사

1796년 가을, 서울에 도착한 만덕은 영의정 채제공을 만나 교류하였다. 정조는 그녀에게 내의원 소속 의녀반수라는 벼슬을 내리고 월급을 주도록 하였다. 김만덕은 서울에 머무는 동안 입궐하여 정조와 왕비 효의왕후 김 씨를 면담하고 치하를 받았다. 육십을 바라보는 김만덕의 나이는 당시로서는 노년기였지만 개의치 않고 금강산 여행길에 올랐다.

이이효재는 그녀의 인생 스토리에 감동했다. 자신의 노력으로 양인의 신분을 되찾고 사업으로 성공하여 부를 이룬 다음, 그것을 움켜쥐지 않고 대의를 위해 아낌없이 내놓은, 참으로 설문대할망의 후예다운 행동이었다.

제주 해녀들의 문화도 놀라웠다. 바다를 일터 삼아 가족의 생계를 책임지며 강력한 공동체 정신으로 서로 돕고 사는 그들의 삶은 참으로 아름다웠다. 그녀들이 채취해온 해산물을 조리하여 파는 식당 '해녀의 집'은 이이효재의 단골 식당이 되었다. 제주도는 여성들이 숨 쉬기에 편안한, 선진적인 문화를 간직해온, 인간 생태계가 평화롭게 보존된 명실상부한 평화의 섬이었다.

이남순을 만나면서 이이효재의 종교에 대한 생각도 더욱 심화되었다. 사람은 누구나 자신의 영성을 가꾸고 돌보면서 자신만의 신을 만날 자유가 있어야 한다. 기독교의 진리가 불교나 이슬람교가 말하는 진리와 충돌할 리 없었고, 동서고금의 고전이 전하는 지혜와도 어긋날 리 없었다. 이런 이이효재의 믿음은 이남순의 사상과 일치했다. 그녀의 확신과 신념에 찬 영적 수련이 이이효재의 가슴을 확 트이게 했다.

"통일 운동의 정치적 활동 중에서 인격적 결함이나 미성숙으로 인해 서로 갈등이 빚어지곤 하는 장면을 많이 보아왔어요. 어떤 이념과 이상을 지향하는가 하는 것도 중요하지만, 사람들의 내적인 성숙이 이루어지지 않으면 그 이념과 이상을 실현해나갈 수 없어요."

이남순의 주장이었다. 이이효재도 지난 시절 반독재 민주화 운동, 여성 운동, 통일 운동에서 활동가들의 갈등을 숱하게 목격해왔고 그때마다 안타까웠다. 폭압적인 독재가 사라지고 정치 민주화, 사회 민주화가 많이 진전된 상황인데도 여성민우회나 정대협 활동가들은 여전히 힘들고 지쳐 보였다. 모두가 쉼이 필요하다는

설문대할망제의 제관이 된 이이효재가 이 땅에서 살아가는 모든 생명체의 행복을 기원하며 크게 하트를 그리고 있다.　　　ⓒ제주의소리

걸 절감할 수 있었다. 자신도 제주도에 와서 이남순 곁에 머물며 함께 우리 민족의 평화 통일과 세계 평화를 위해 기도하고 싶었다.

2012년 대통령 선거는 난데없이 최초의 여성 대통령 논쟁을 불러왔다. 새누리당이 박근혜 후보를 "준비된 최초의 여성 대통령"이라고 내걸었기 때문이었다. 여성을 철저히 무시해온 정당에서 여성들을 위한 정책도 없는 정당의 후보이자, 줄곧 불통의 리더십을 보여온 박근혜가 대통령이 된다면 나라의 앞날이 어찌될지 이이효재는 눈앞이 깜깜했다.

1970년대부터 30년 넘게 여성 차별에 맞서 싸워온 여성들은 분노했다. '여성 대통령'의 의미가 훼손되는 현실을 참을 수 없었다. 이이효재, 조화순, 박영숙, 윤정옥, 김복동, 길원옥 등의 원로 여성 운동가들과 100여 명의 여성들은 '준비된 여성 대통령'론을 조목조목 반박하는 성명서를 발표하며 유사 상품에 속지 말라고 외쳤다.

박근혜는 1970년대 여성들이 억울하게 일터에서 쫓겨나 거리에서 울부짖을 때는 유신의 공주, 어머니가 죽은 뒤로는 퍼스트레이디였다. 가족법 개정, 성폭력과 가정폭력 방지법을 만들 때, 여성들이 출산 휴가, 육아 휴직을 달라고 외칠 때 그녀는 어디에 있었던가? 15년 동안 국회의원을 하면서도 여성을 위한 노력은 손톱만큼도 보이지 않았다.

헌법을 부정한 유신 정권에 대해 침묵하고 퍼스트레이디로 유신 정권에 기여한 것에 대한 뉘우침과 사과가 전혀 없는 박근혜가 대통령이 된다는 것은 염려를 넘어 공포를 불러올 지경이었다. 박근혜가 가업을 잇는 것이 아니라, 국민의 미래를 책임지는 대통령이 되겠다면 유신 독재에 대해 공정한 평가를 내리고 피해자들에게 사과부터 해야 했다.

이런 모든 염려와 반대 노력에도 불구하고 박근혜가 대통령으로 당선되고 말았다. 이이효재는 지난 수십 년의 역사가 거꾸로 돌아가는 듯한 충격에 빠졌다. 그는 통곡을 주체할 수 없었다. 사흘 내내 아무것도 먹지 않고 울기만 했다. 부모님이 돌아가셨을 때도 그렇게 통곡하지는 않았던 이이효재였다.

'내 어찌 이리 오래 살아서 이런 꼴을 보게 된단 말인가. 부끄럽고 또 부끄럽구나.'

끝없이 흐르는 눈물 속에서 이이효재는 도대체 뭘 할 수 있을까 난감했다. 수양딸 이희경과 제자들은 스승을 모시고 한의사가 되어 산골에 살고 있는 고은광순의 집으로 갔다.

"나 여기서 기도나 하며 살다가 죽고 싶구나."

"하이고, 난 이 산골에서는 못 살겠어요. 차라리 제주도로 가셔요."

이희경이 난감해하며 말했다. 제주도에서 살고 싶어
하는 이이효재의 바람을 애써 모르는 척하던 차였는데,
이제는 그 소원이라도 들어주어야만 할 것 같았다.

2013년 6월, 이이효재와 수양딸 이희경은 제주도로
이사를 감행했다. 안타깝게도 이남순은 이이효재가 제
주도로 이사하기 직전 아주 평화롭게 세상을 떠났다.
이이효재는 제주에 살면서 평생 동안 쌓인 모든 피로를
씻어내는 듯한 감동을 경험했다. 여성들의 섬에서 정신
은 더욱 맑아졌고 몸도 전에 없이 더욱 건강해졌다. 매
일 아침저녁으로 100번씩 "남북이 화합하여 평화 통일
이루자"라는 기도 겸 주문도 외기 시작했다. 그 주문이
하늘과 뭇생명들을 감동시키는 영적인 에너지를 불러
오기를 간절히 바라면서.

이이효재는 설문대할망제의 제관이 된 것을 큰 영광
이라 생각했다. 설문대할망의 사랑이 이 제주에서 한반
도 전역으로 퍼져 올라간다면 평화 통일이 오고 뭇 생
명들이 자유롭고 행복하게 사는 세상이 올 수 있을 것
이다.

그녀는 제관으로 서서 위대한 할머니의 영혼을 품은
하나님께 간절히 기도했다. 세상을 창조하는 창조성,
생명을 낳고 보살피며 길러온 여성들의 사랑이 이제는
가족을 넘고 민족을 넘어 전 지구적으로 우주적으로 확
장되는 앞날을 열어달라고.

결국 사랑이었다

요즘은 하루 중 많은 시간을 침대에 누워서 하늘을 바라본다. 어떤 날은 쨍하게 하늘이 맑고 또 어떤 날은 구름이 끼거나 비가 오기도 하고, 눈이 내리기도 한다. 밤이 되면 그 하늘을 달과 별들이 가득 채운다. 하늘에 그렇게 많은 별들이 있다는 것도 잊고 살았다. 평생 동안 그렇게 수많은 별들과 달을 이렇게 오랫동안 바라본 적이 있었던가. 맑은 날도, 흐린 날도, 궂은 날도 내 눈에 보이지 않을 뿐 여전히 태양도, 별들도, 달도 그대로 존재한다는 것이 새삼스럽게 느껴진다.

우주에는 수많은 은하계가 존재하고 우리 은하계에만 4,000억에서 5,000억 개의 별이 자리하고 있다 한다. 그 수많은 별들 중에서 이 지구라는 별에 그것도 동시대를 살아가고 있음을 생각해보면 지구상에 존재하는 70억의 인류 한 사람, 한 사람이 얼마나 소중한 이웃인가.

아파트 창문 아래로 내려다보이는 정원은 계절에 따라 시시각각 색깔이 변한다. 날마다 그 미세한 변화를 바라보면서 온 인류와 자연과 우주가 하나의 생명으로 연대하고 있음도 새롭게 깨닫게 된다. 이제야 내가 자연의 일부임을 몸으로 느끼며 아흔 중반에 이른 나의 생이 자연으로 돌아가려는 단계에 있음을 실감한다.

1924년, 일제 식민지의 딸로 태어나 꼬박 20년이 넘도록 일제의 탄압 아래 숨죽이며 하루도 맘 편히 살지 못했다. 나의 경험과 그 경험에서 나오는 나의 정서를 해방 후에 태어나 전쟁을 겪지 못한 젊은이들은 이해하지 못할 것이다. 우리 세대가 민족에 집착하는 것을 고루하게 느낄 수도 있을 것이리 생각된다. 하지만 인간은 누구나 사회적·역사적 한계를 가지고 살아갈 수밖에 없고, 나 또한 그 한계에서 자유로울 수는 없었다.

민족이라는 테두리 안에서 벗어날 수 없었고 그 안에

서 형성해온 우리 문화 속의 여성 차별에 주목하면서 평생 동안 여성이 남성과 평등하게 사회생활을 영위하게 하는 방법을 모색해온 것이 나의 일생이었다.

우리나라 여성들은 조선 시대의 지배 이념이었던 성리학의 영향 속에서 벗어나지 못하고 참으로 오랫동안 그 질곡에 매어 있었다. 나는 양가의 조부모부터 서구 문화의 뿌리인 기독교를 받아들인 집안에서 태어나 자랐다. 내 세대의 대부분의 여성들이 감히 꿈꾸지 못했던 교육의 기회를 얻을 수 있었고, 미국 유학까지 다녀올 수 있었다.

기독교의 가르침은 내가 받은 모든 혜택은 하나님으로부터의 축복으로 받아들이는 것이었고, 하늘로부터 받은 것은 다시 이웃을 향해 베풀라는 것이었다. 하지만 목사 아버지, 권사 어머니로부터 물려받은 기독교 신앙은 지금 생각해보면 다소 편협한 부분도 있었다.

하나님을 노엽게 한다 생각하며 개신교에서 조상들을 위한 제사를 금지하는 것은 어리석은 인간들의 생각일 뿐이라고 믿는다. 우리나라 사람들이 오랫동안 지켜온 조상 숭배의 전통은 아름답다. 제사라는 양식을 통하여 조상들에 대한 고마움과 사랑을 되새기고 영적으로 그분들과 교류할 수 있다고 생각한다. 내가 자라는 동안 우리 집안의 기독교 신앙은 이웃에서 지내던 제사를 무지몽매한 것으로 치부했고, 마을마다 행해지던 풍물놀이 등의 민속놀이조차 부정한 것으로 여기도록 학습시켰다. 그러나 우리 인간들과 똑같이 편협한 생각을 가진 하나님이라면 우리가 믿고 의지해야 할 대상이 되지 못하는 것이 아니겠는가.

기독교뿐만 보편적 사랑을 말하는 불교에도, 천도교에도, 힌두교에도, 이슬람교에도 진리가 있다고 믿는다. 기독교의 하나님이 타 종교의 진리와 별개의 진리를 말씀하신다고 생각하지 않는다. 언젠가 신문에서 어느 기독교 신학대학의 교수가 기독교 신자가 파괴한 어느 사찰의 불상을 재건하기 위해 모금 운동을 했다가 해직당했다는 기사를 읽었다. 내 생각에 그 교수의 행위는 칭찬받아야 마땅하다.

요즘 내 입장에서는 기도밖에 할 수 없다. '남북이 화해하여 평화 통일 이루자'라고 아침저녁으로 100번씩 기도한다. 평화 통일에 대한 부정적 의식보다 희망 있는 긍정적 의식과 힘을 키워나가면 언젠가는 긍정적으로 변할 것이라 생각한다. 과거 우리 여성들은 동학이나 민중종교에서 좋은 주문을 많이 되뇌었다. '남북이 화해하여 평화 통일 이루자'가 오늘의 주문이 되었으면 하고 바란다. 외세로 인해 갈라진 우리 민족이 함께 평화롭고 자주적인 통일을 이루어 이 땅이 다시는 이민족의 횡포 아래에 놓이지 않고, 세세손손 평화롭게 살아가기를 간절히 기원한다.

이 길이 세계 평화의 길이고 인류 사랑이라 믿기 때문이다. 일평생 내가 바라고 노력해왔던 모든 것들이 다 사랑이었음을 이제야 알겠다. 가부장제에 억눌린 여성들을 일으켜 세우는 것도, 여성들을 차별하고 그들에게 폭력을 행했던 역사를 바로잡는 일도, 정치적 독재가 힘없고 가난한 이들, 특히 더 취약한 여성의 희생 위에서 지탱되고 있기에 저항한 것도 모두 인간에 대한 사랑이었다.

지금까지 한국 사회는 '사랑'에 대해 말하지 못했다. 하지만 사랑하고 싶고, 사랑받고 싶은 것은 인간의 본질이다. 진해에 내려온 뒤 이웃과 함께 만들었던 기적의도서관에서 아이들과 눈을 마주치고 함께 시간을 보내면서 '왜 진작 인간 사랑에 대해 배우지 못했는가' 하는 생각을 하게 되었다. 사랑하고 사랑받는 것이 자연스럽게 펼쳐지는 사회, 서로 어깨를 기대고 오순도순 살아가는 것이 인간의 본질과 맞닿는 일이며 예수가 말한 하나님 나라가 아니겠는가.

그 나라는 우리 모두가 마음의 벽을 깨뜨리고 모든 차별과 편견에 대항해 사람들과 연대하는 지점에서 이룩된다. 약자들이 힘을 모아 공동체를 만들고 연대를 넓혀가는 곳, 마음이 통하는 사람들끼리 만나 서로 가진 것을 나누는 곳이다.

1997년, 스무 살 때 대학에 들어가기 위해 상경하여 미국 유학을 마치고 돌아와서 터 잡았던 서울 생활을 접고 고향으로 내려왔다. 어느 순간 내가 한 말을 계속 반복하고 있다는 생각이 들었고, 그런 내 자신이 중요한 자리를 맡거나 선두에 나서기에 적절치 않다는 생각이 들었기 때문이었다.

고향에 내려와서야 비로소 나는 오래 전부터 꿈꾸어 왔던 공동체 안에서 여성들과 함께하는 활동을 해볼 수 있었다. 진해에서 여성들과 함께 기적의도서관을 만들고 책과 더불어 아이들을 함께 키우는 일을 했던 것이 인생에서 가장 값진 경험이었다.

그로부터 어느덧 20년이 흘렀다. 요즘은 평생 애쓰고 살았건만 생산보다는 소비를 하면서 오래 살고 있음에 죄책감이 들고, 대학에서 평생 교수 노릇 했던 것에도 부끄러움이 솟구친다. 해방 후 후진국에서 벗어나는 길은 빨리 서구화하는 것, 그것이 곧 선진화라고 믿으며 오로지 서구 것만 가르쳤다. 더 주체적으로 우리 고유 사상에 기반을 둔 학문을 공부하고 가르쳤어야 했다고 반성한다.

내 삶의 이야기에 의미가 있다면 우리가 서 있는 오늘이 어떻게 잉태되어 왔는가를 돌아보는 데 있지 않을까. 더하여 내가 살아오면서 깨달은 소박한 진리들을 전해주고 싶다. 나의 아버지로부터 물려받은 신앙적 유산은 내일 걱정을 하지 않는 것이었기에 현실을 수용하고 현재에 충실하려 노력했다. 하늘의 뜻을 살피고 이웃을 사랑하라는 말씀에 따라서 이웃과 함께 살려고 무던히 애썼다. 그 과정에서 혼인도 하지 않고 내 아이를 낳지 않았어도 나에게는 수많은 딸들과 손자들이 생겼다. 그들로부터 충분한 사랑과 보살핌을 받으며 혈연이라는 것이 얼마나 부질없는 인간의 욕심인지를 체험하고 있다. 그러니 얼마나 나의 삶이 복된 것이었던가.

내가 살아왔던 시대와는 달리 오늘날에는 배우고 들을 수 있는 수많은 선택이 존재한다. 그럼에도 불구하고 미래에 대한 불안의 수치는 갈수록 더 높아지는 듯하다. 젊은 여성들이 사고에서 더 자유로워지고 선택을 즐기며 살아나가길 권한다. 자신을 사랑하며 그 사랑으로 내가 속해 있는 공동체에 뿌리를 내리면서도 인류의 한 구성원으로서 품위 있는 삶을 영위해나갔으면 한다.

2016년 10월
이이효재 구술
박정희 정리

2016년 어느 날, 이이효재 선생님과 말씀을 받아 적는 박정희 저자.

이 책을 쓰는 동안 기꺼이 인터뷰에 응해주신
윤정옥 선생님,
최영희 전 국가청소년위원회 위원장님,
장하진 전 여성부 장관님,
이미경 코이카 이사장님께 감사드립니다.

머지않은 미래에
이이효재 선생님의 삶과
학문적 성과를 심층적으로 조명한
책이 나오길 기대합니다.

1세대 여성운동가
이이효재가 걸어온 길

1924년 11월 14일 – 경남 마산에서 장로교 목사 이약신과 사회사업가 이
옥경의 두 번째 딸로 출생

1947년 – 이화대학 문과 2년 수료

1952년 – 미국 앨라배마 대학 사회학과 졸업

1955년 – 미국 버지니아주 리치몬드의 연합 장로교 신학교 교육대학원
(The Presbyterian School of Christian Education) 졸업

1957년 – 미국 뉴욕시 콜롬비아 대학 사회학과 대학원에서 사회학 석사
졸업

1958년~1962년 – 이화대학 사회학과 조교수 임용

1958년 – 아시아 재단 기금을 받아 '서울시 가족의 연구' 진행

1959년~1960년 – '한국 농촌가족의 연구' 진행

1962년~1967년 – 서울여대 사회학과 부교수

1966년 – 이스라엘 정부 초청으로 이스라엘 협동촌 방문 시찰

1968년 – 이화대학 교수 임용

1969년~1976년 – 이화대학 여성자원개발연구소 소장 활동

1970년~1971년 – 한국사회학회 제13대 회장 활동

1972년 - 제1차 유엔 인간환경회의 참석하여 환경 운동에 관심을 가지기 시작

1973년 - 이화대학 안에 환경연구회를 조직

1974년 - 미국 테네시주 내슈빌 피스크 대학(흑인 대학)에 객원 교수로 초청

1975년 - 유엔 세계여성의 해 기념 멕시코 세계여성대회에 한국 대표단으로 참여

1976년 - 이화대학 여성학 준비위원회 설립,『가족과 사회』출판

1977년 - 이화대학 학부 교양 과목 여성학과 개설

1978년 - 한국가족학회 초대 회장 활동

1979년 - 『여성과 사회』,『여성 해방의 이론과 현실』출판,『사회학』번역

1980년 - 광주 민주화 운동에 관련되었다는 이유로 이화대학에서 해직

1983년 - 해직교수협의회 회장 활동, 허석렬 교수와 함께『제3세계의 도시화와 빈곤』편찬

1983년~1997년 - 최초의 여성 학문 단체인 여성한국사회연구회 창립, 초대 회장 활동

1984년~1990년 - 이화대학 교수 복직

1986년 - 『분단 시대의 사회학』으로 제26회 한국출판문화상 수상

1987년 - 한국여성민우회 창립, 초대 회장 활동

1988년 - 『가족 연구의 관점과 쟁점』공저

1988년~1994년 - 《한겨레신문》의 이사 및 이사장 활동

1988년~1997년 - 한국여성노동자회 이사 및 이사장 활동

1990년 - 한국정신대문제대책협의회 창립, 제5회 심산상 수상

1990년~1992년 - 한국여성단체연합 회장 활동

1991년~1997년 - 한국정신대문제대책협의회의 공동대표

1992년 - 한국여성사회교육원 창설 및 이사장 활동

1993년 - 『자본주의 시장경제와 혼인』 공저

1994년 - 한국기독교교회협의회 인권위원회 '올해의 인권상' 윤정옥과 공동 수상

1995년 - 프랑스 잡지 《마리끌레르》의 '세계를 발전시킨 100명의 여성' 선정

1997년 - 진해 사회복지법인 경신재단 안에 '사회복지연구소' 설립 및 소장 활동, 제14회 여성동아 대상 수상

2003년 - 진해 기적의도서관 건립위원회 결성 및 위원장 활동, 『조선조 사회와 가족』 출판

2005년 - 제4회 유관순상 수상

2012년 - 제10회 한국YWCA 한국여성지도자상 대상 수상

2015년 10월 - 여성평화선언 1,000인 기자 회견 '남북 어린이의 생명과 안전을 위한 여성들의 호소' 제안

참고 서적

이효재, 『한국의 여성운동-어제와 오늘』, 정우사, 1996

이효재, 『분단시대의 사회학』, 한길사, 1985

이효재, 『여성의 사회의식』, 평민사, 1985

이이효재, 『조선조 사회와 가족』, 한울아카데미, 2003

이효재, 『아버지 이약신 목사』, 정우사, 2006

역사문제연구소, 『학문의 길 인생의 길』, 역사비평사, 2000

진해기적의도서관, 『진해에는 기적의도서관이 있다』, 정은출판, 2008

한국정신대문제대책협의회, 『일본군 위안부 문제의 진상』, 역사비평사,
1997

한국정신대문제대책협의회 20년사 편찬위원회, 『한국정신대문제 대책협
의회 20년사』, 한울아카데미, 2014

이남순, 『나는 이렇게 평화가 되었다』, 정신세계원, 2010

이덕일, 『이덕일 여인열전』, 김영사, 2003

이태영, 『나의 만남, 나의 인생』, 이태영, 정우사, 1991

강준만, 『한국 현대사 산책3-평화시장에서 궁정동까지, 1970년대편』, 인
물과사상사, 2002

이배용, 『우리나라 여성들은 어떻게 살았을까 1·2』, 청년사, 1999

고명섭, 『이희호 평전』, 한겨레출판, 2016

정진성 외, 『한국현대여성사』, 한울아카데미, 2004

이범석, 『철기 이범석 자전』, 외길사, 1991

이문숙, 『이우정 평전』, 삼인, 2012

사라 M. 에번스, 『자유를 위한 탄생-미국 여성의 역사』, 이화여자대학교출판문화원, 1998

한국여성민우회 20년 운동사 연구위원회, 『여성운동 새로 쓰기』, 한울, 2008

김현아, 『박영숙을 만나다』, 또하나의문화, 2008

서명숙, 『꼬닥꼬닥 걸어가는 이 길처럼』, 북하우스, 2010

박정희, 『닥터 로제타 홀』, 다산초당, 2015

이 책을 만드는 데 도움 주신 분들

강남식	권은정	김민정	김영순
강선미	권최연정	김민정	김영순
강소라	권해인	김민주	김예림
강수정	김가람	김방희	김예지
강예은	김가연	김보명	김예진
강이수	김경배	김봉률	김유리
강정숙	김경신	김상아	김유향
강진영	김규리	김상은	김윤재
강현수	김나은	김서경	김은솔
강희태	김나현	김선식	김은혜
고다연	김남수	김성금	김은희
고은광순	김다솜	김성미경	김이경
고은빈	김다솜	김세련	김이슬
고은정	김다현	김세리	김인주
고재영	김다혜	김소연	김재윤
곽경아	김도연	김소희	김재천
곽미림	김란이	김수현	김정순
국태림	김명애	김숙연	김주은
권도영	김미경	김시원	김주희
권은미	김미르	김아림	김지원

이 책을 만드는 데 도움 주신 분들

김지인	목혜정	박영혜	벽시계
김지혜	문슬기	박예향	별명
김진경	문영아	박재형	서다은
김천근	문예린	박정미	성예림
김태린	문정현	박정희	손희매
김태영	문준아	박주미	송가연
김현지	민동희	박지민	송경선
김혜경	민여란	박채연	송유중
김혜미	박꽃처럼	박초롬	송유진
김혜슬	박나리	박최태준	송은정
김흥미리	박나영	박향근	송하영
김희영	박도희	박현주	신경혜
김희은	박미경	박현희	신권의연
나무	박미란	박혜숙	신미란
남궁선혜	박미미	박희양	신민자
남인순	박선경	박희원	신소라
놀자	박성건	방송희	신은지
뉴본걸	박성원	배은경	안외순
로리주희	박수빈	백승희	안혜경
류진희	박영숙	백진아	안혜경

이 책을 만드는 데 도움 주신 분들

양문경	우정민	이권명희	이세령
양숙희	원소유	이김예림	이소희
양지	유숙열	이나영	이수미
양현진	유시은	이나윤	이수미
여지화	유은숙	이남희	이수인
여혜숙	유형숙	이도희	이수환
연혜지	유혜선	이름없음	이숙진
예진희	유희진	이명제	이슬비
오늘	윤난희	이미혜	이승아
오세라	윤서현	이민주	이아영
오세향	윤여선	이보나	이애림
오아름	윤여정	이보람	이예원
오은경	윤지원	이보형	이오늘
오정민	이건형	이상경	이옥란
오주희	이경숙	이상덕	이유나
오지은	이경숙	이선연	이윤경
오화영	이경옥	이설휘	이윤정
왕인순	이경희	이성민	이임주
우서정	이경희	이성옥	이재숙
우수경	이광욱	이성혜	이정우

이 책을 만드는 데 도움 주신 분들

이제희	재인	정해영	진진고고
이주윤	전희경	제이스토리	진혜영
이주해	정금주	조경숙	진혜은
이하영	정명애	조다혜	진희
이현경	정민경	조선경	차우미
이현지	정설경	조성은	청춘박지현
이혜원	정세진	조성지	최계영
이효연	정숙경	조성희	최고운
이희주	정영훈	조승희	최기선
임보미	정예진	조예지슬	최미정
임정	정유정	조정하	최부혜
임조경섭	정윤종일	조주립	최수인
임지호	정윤희	조현정	최유미
장미경	정은미	조혜령	최윤영
장수빈	정재하	조혜원	최윤정
장유진	정지운	주나현	최자영
장윤영	정진기	주하진	최종은
장혜경	정진이	주흐	최주영
장혜린	정진향	지바다	최지우
장혜주	정찬우	진서린	최진영

이 책을 만드는 데 도움 주신 분들

최하현   2midnight
피원아   absolute
하누리   bada****
하소미   bkn****
한선경   G
한효재   imfor****
허연주   JinheeJinnyPark
허윤   Kristen Yoon
혜민   siamic
홍선희   yolo
홍은정
홍지혜
홍찬숙
황순하
황연미
황인경
황인영
황혜선

* 후원자명 확인이 어려운 경우
  텀블벅에 표기된 닉네임으로 기재하였으니
  양해 부탁드립니다.

대한민국 여성운동의
살아 있는 역사

이이효재

초판 1쇄 인쇄 2019년 8월 30일
초판 1쇄 발행 2019년 9월 9일

지은이 박정희
펴낸이 김선식

경영총괄 김은영
책임편집 김다혜 **디자인** 김누 **책임마케터** 최혜령
콘텐츠개발5팀장 이호빈 **콘텐츠개발5팀** 봉선미, 김누, 김다혜, 권예경
마케팅본부 이주화, 정명찬, 권장규, 최혜령, 이고은, 허윤선, 김은지, 박태준, 배시영, 박지수, 기명리
저작권팀 한승빈, 이시은
경영관리본부 허대우, 박상민, 윤이경, 김민아, 권송이, 김재경, 최완규, 손영은, 이우철, 이정현

펴낸곳 다산북스 **출판등록** 2005년 12월 23일 제313-2005-00277호
주소 경기도 파주시 회동길 357 3층
전화 02-704-1724
팩스 02-703-2219 **이메일** dasanbooks@dasanbooks.com
홈페이지 www.dasanbooks.com **블로그** blog.naver.com/dasan_books
종이 (주)한솔피앤에스 **출력·인쇄** (주)민언프린텍

ISBN 979-11-306-2575-1 (03990)

다산북스(DASANBOOKS)는 독자 여러분의 책에 관한 아이디어와 원고 투고를 기쁜 마음으로 기다리고 있습니다.
책 출간을 원하는 아이디어가 있으신 분은 다산북스 홈페이지 '투고원고'란으로 간단한 개요와 취지, 연락처 등을 보
내주세요. 머뭇거리지 말고 문을 두드리세요.